신이 다시 말했다

신의
새 메시지
경전

메신저
Marshall Vian Summers

신이
다시
말했다

Copyright © 2015 by The Society for the New Message

판권 소유. 발행인의 서면 동의 없이는 어떠한 형태나 수단으로도 무단전재와 무단복제를 금합니다.

편집 *Darlene Mitchell*
표지 및 디자인 *Reed Summers*

ISBN: 978-1-942293-05-7 print book ISBN: 978-1-942293-12-5 ebook
NKL POD Version 1.6

Library of Congress Control Number: Version 2014919201

Original edition in English:
Publisher's Cataloging-in-Publication
(Provided by Quality Books, Inc.)

Summers, MarshallVian.

God has spoken again / as revealed
to MarshallVian Summers.
pages cm
LCCN 2014919201
ISBN 978-1-942293-00-2 (POD)
ISBN 978-1-942293-01-9 (ebook)

1. Society for the New Message--Doctrines.
2. Spiritual life--Society for the New Message.
I. Society for the New Message.
II. Title.
BP605.S58S8195 2014 299'.93
QBI14-600186

*신이 다시 말했다*는 신의 새 메시지 안에 있는 책이며, 새 메시지 소사이어티의 발행사인 New Knowledge Library 가 발행하였습니다. 소사이어티는 인류를 위한 새 메시지를 세상에 내놓고 가르치는 데 헌신하는 비영리 종교 단체입니다. New Knowledge Library에서 발간된 책들은 www.newknowledgelibrary.org 이나 일반 서점, 온라인 서점에서 구입할 수 있습니다.

새 메시지는 20개 언어로 번역되어 90여 국가에서 공부하고 있습니다. *신이 다시 말했다*는 전 세계 각지에서 모여든 학생들 가운데 일부 헌신적인 자원 봉사자에 의해 18개 국어로 번역되었습니다. 이 번역물들은 모두 www.newmessage.org 에서 읽어볼 수 있습니다.

The Society for the New Message
P.O. Box 1724 Boulder, CO 80306-1724
(303) 938-8401 (800) 938-3891
011 303 938 84 01 (International) (303) 938-1214 (fax)
newmessage.org newknowledgelibrary.org
email: society@newmessage.org

신이 다시 말했다

목 차

번역 과정에 대하여

"메신저, 마샬 비안 서머즈는 1983년부터 신의 새 메시지를 받아오고 있다. 신의 새 메시지는 지금까지 인류에게 전해진 것 가운데 가장 규모가 큰 계시이며, 이제 문맹에서 벗어나 국제 통신이 가능하고 국제적 인식이 확산되는 세상에 전해지고 있다. 새 메시지는 단지 한 종족, 한 국가, 한 종교에만 전해지는 것이 아니라, 전 세계에 전해지고 있다. 그래서 가능한 한 많은 언어로 번역되어야 한다.

계시의 과정이 역사상 처음으로 지금 밝혀지고 있다. 이 놀랄만한 과정에서, 신의 현존은 언어 차원을 넘어, 세상을 감독하는 천사의 회중에 메시지를 전한다. 그러면 회중은 이 메시지를 인간의 언어로 번역하여, 모두가 하나인, 한 음성으로 그들의 메신저를 통해, 계시의 음성인 이 큰 음성의 매개체가 된 메신저의 음성을 통해 말한다. 새 메시지는 영어를 사용하여 음성으로 오며, 오디오 형태로 곧바로 녹음된다. 그러고 나서 그 음성을 옮겨 적고, 글과 음성 녹음 형태로 이용할 수 있게 한다. 이런 식으로 신의 원래 메시지는 그 순수성이 그대로 보존되고, 모든 사람이 보고 들을 수 있게 된다.

그런데 여기에 번역의 과정도 있다. 원래의 계시가 영어로 전달되었으므로, 이것이 인류의 많은 언어로 모두 번역되어야 하는 이유이다. 지구에는 많은 언어가 있으므로, 모든 곳의 사람들에게 새 메시지가 전달되려면, 번역은 지극히 필요한 것이다. 시간이 지나면서, 새 메시지 학생들이 자신들의 모국어로 새 메시지를 번역하겠다고 자원하였다.

역사적인 이 시기에, 협회는 엄청나게 방대한 메시지, 아주 긴급하게 세상에 전달되어야 하는 이 메시지를 대단히 많은 언어로 번역하는 데 드는 번역료를 지급할 형편이 안 된다. 게다가 협회는 우리 번역자들이 자신이 번역하는 것의 본질을 가능한 한 많이 이해하고 체험하는 새 메시지 학생이어야 한다고 믿는다.

지구 전역에 걸쳐 새 메시지가 긴급히 공유되어야 할 필요성을 고려하여, 우리는 새 메시지가 세상에 널리 퍼질 수 있도록 더 많은 번역 지원을 요청하며, 그래서 이미 시작한 언어에 더 많은 계시를 제공하고, 또한 아직 시작하지 않은 언어들을 새로 소개하고자 한다. 때가 되면, 우리는 이 번역물들의 질 또한 향상하고자 한다. 여전히 해야 할 일이 대단히 많다."

서 문

이 책은 신의 새 메시지를 여는 글들을 담고 있다. 이어지는 페이지에서, 신은 인류에게 경고와 축복을 보내고, 세상에 다가오는 큰 변화에 대한 준비를 제공하면서 새로이 말하고 있다.

신은 전 세계적으로 큰 어려움이 있는 시기에 다시 말했다. 이것은 전 세계적으로 점점 커지는 전쟁의 위기와 기후 변화, 수그러들 줄 모르는 종교적 갈등과 인간의 고통, 점점 더 악화되는 빈곤에 대한 신의 응답이다.

신의 새 메시지는 남녀노소 할 것 없이 지구상에 있는 모든 이의 가슴에 신이 보낸 살아 있는 메시지이다. 말씀과 음성이 다시 세상에 왔다. 우리는 지금 계시의 시대에 살고 있다.

신의 새 메시지는 현재 있는 기존 종교 당국이나 단체를 통해 세상에 오지 않았다. 또한 종교 지도자들이나 저명인사, 인정받은 사람들에게 찾아오지 않았다.

그 대신, 신의 새 메시지는 항상 하던 대로 조용히 불시에 예고 없이 세상에 들어왔다. 이 큰 전환점에 인류를 위해 메신저가 되는 이 유일한 과업을 위해, 선택되어 파견된 겸손한 한 사람에게 부여되었다.

비록 *신이 다시 말했다*가 손안에 있는 한 권의 책으로 보이지만, 이것은 훨씬 더 큰 어떤 것이며, 신에게서 당신에게 전달되는 살아 있는 메시지의 시작이다. 이 책에 담긴 글에서, 신의 현존은 당신을 부르고 모든 사람을 부른다. 자신의 근원에서 벗어나 분리 속에서 사는 꿈과 악몽에서 깨어나라고 당신을 부르며, 당신 마음의 태곳적 통로를 타고 내려와, 발견되기만을 기다리며 당신 내면에 사는 영적 현존과 힘을 향해 부른다.

신의 새 메시지가 진실이고 진짜임을 확인해주는 것은 바로 당신 내면에 있는 이 영적 현존이다. 이때 마음은 새 계시의 선물과 도전을 의심하고 고심할지도 모르지만, 당신 가슴은 알 것이다. 이런 깊은 수준에서는 당신이 확신하려고 할 필요가 없을 것이며, 진실이 그저 당신에게 명백할 것이다.

신이 다시 말했다는 것이 사실인가? 이것이 바로 당신이 찾던 메시지인가? 이 책에 있는 계시의 글들을 읽어보라. 그러면 깊은 수준에서 당신은 이것이 사실이고 정직하며 순수하다는 것을 알 것이다. 심지어 이것이 현재 당신이 믿고 있는 것과 다를지라도 깊은 수준에서는 알 것이다. 당신과 신이 연결된 깊이와 힘을 당신에게 상기시켜줄 수 있는 것이 바로 이런 내적 앎과 확인이다.

당신 손안에 있는 것이 바로 계시의 책이다. 이 글 안에 담겨 있는 말씀들은 신에게서 직접 전해진 메시지이며, 지구를 관장하는 천사들의 현존에 의해 인간의 언어로 번역되어 메신저 마샬 비안 서머즈를 통해 음성으로 전해졌다.

신의 새 메시지는 이제 지구적 통신이 가능하고 지구적 자각이 커지는, 글을 아는 세상에 전해지고 있으며, 지금까지 인류에게 전해진 것 중에 가장 큰 계시이다. 새 메시지는 한 종족이나 한 국가, 한 종교에만 국한하여 전해지는 것이 아니라, 전 세계에 전해지며, 이전 메신저들이 온 과거 세상과는 매우 다른 세상에 전해진다. 메신저의 생전에 전 세계인에게 전해지는, 이런 깊이와 규모를 지닌 신의 계시는 이전에는 결코 없었다.

신의 새 메시지 중심에는 새 메시지의 모든 책에 있는 모든 것을 말한 그 원형인 계시의 음성이 있다. 과거 메신저들이나 선지자들에게 말한 계시의 음성은 본래의 순수성을 지닌 음성으로 녹음되지 않았으며, 사람들 개개인이 직접 들어보고 체험해볼 수 있게 되어 있지 않았다. 그러나 지금은 직접 들어보고 체험해볼 수 있는 방식으로 말씀과 음성이 세상에 있다.

이런 음성 계시의 놀라운 과정에는 신의 현존이 지구를 관장하는 천사들의 현존에게 언어 차원을 넘어 전달한다. 그러면 회중은 전달받은 이 메시지를 인간의 언어로 번역하여 그들의 메신저를 통해 하나로서 모든 것을 말한다. 이때 메신저의 음성은 계시의 음성인 이 큰 음성의 매개체가 된다.

이 음성의 말씀이 오디오 형태로 녹음되고 글로 기록되었으며, 그래서 이제 새 메시지를 글과 음성의 형태로 읽고 들을 수 있게 되었다. 이런 방식으로 신의 본래 메시지의 순수함이 보전되고, 세상 모든 사람에게 전해진다.

메신저는 세상에 신의 새 메시지를 가져오기 위해 길고도 험한 길을 걸었다. 계시의 과정은 1982년에 시작되어 오늘날까지 이어지고 있다.

메신저는 지금 자신이 삼십 년 넘게 받은 음성 계시를 글의 형태로 최종 완성본을 편집하는 데 전념하고 있다. 새 메시지는 결국 여섯 권가량으로 나뉘어 그 안에 모두 포함될 것이다. 각 권은 두 편 이상이 담길 것이고,

각 편은 장과 절로 편성될 것이다. 그러므로 신의 새 메시지는 "권>편>장>절"의 방식으로 구성될 것이다.

*신이 다시 말했다*는 신의 새 메시지 1권에 포함된 1편이다. 그러므로 이 책의 본문은 신의 새 메시지의 여는 글을 담고 있으며, 늘어나는 새 계시의 도서에서 첫 편에 해당된다.

*신이 다시 말했다*는 개별적인 14개의 계시를 담고 있으며, 메신저에 의해 이 책으로 편집되었다. 여기에서 독자는 이 책이 전달된 순서대로 장들이 이어진 것이 아니라, 각기 다른 시기와 장소에서 전해진 계시들이 편집된 것임을 이해해야 한다.

이 음성 메시지를 글의 형태로 만들기 위해 메신저는 구문이나 문법적인 부분에서 약간의 조정을 하였다. 이것은 독자의 이해를 돕고 문어체 영어의 문법 표준에 따라 메시지를 전달하도록 천사의 회중이 메신저에게 요구한 것이다.

어떤 경우에는 계시에서 원래 말하지 않은 글을 메신저가 삽입하기도 하였다. 이런 삽입된 글은 [괄호]에 들어 있다. 괄호 안에 삽입된 글은 메신저가 직접 해명한 것이다. 이 글들은 음성 메시지에 있는 모호함이 혼란이나 부정확한 해석을 야기하지 않도록 메신저가 모두 삽입한 것이다.

또 본문을 읽기 쉽게 도와주기 위해 메신저가 글을 삭제한 경우도 있다. 이것은 보통 문장을 어색하게 하거나 문법적으로 부정확한 일부 접속사, 즉 "그리고, 그러나"와 같은 것들에 해당된다.

유일하게 메신저만 이런 작은 수정을 하였으며, 이것도 오로지 원래의 음성 메시지를 가장 명확하게 전달할 수 있도록 한 것뿐이다. 메시지의 원래 의미와 의도는 결코 변경되지 않았다.

메신저는 이 책의 본문을 절의 형태로 구성하였다. 각 절은 근원에서 전달된 별개의 분명한 주제나 메시지가 시작하거나 끝나는 것을 개략적으로 시사한다.

다양한 주제를 긴 문단 형식으로 다룰 때 자칫 놓칠 수도 있는 풍요로운 내용과 미묘한 메시지들을 본문이 절의 구조로 되어 있을 때, 독자들이 쉽게 다가갈 수 있다. 이런 방식으로 했을 때, 근원에서 전달된 각각의 주제와 개념이 독자들에게 직접 전달되면서 그 자체의 취지가 전해진다. 메신저는 절의 구조가 새 메시지의 원래 음성 계시들을 전하는 가장 효과적이고 충실한 방법이라고 결정했다.

이 글을 내놓는 것은 메신저의 원래 의지와 의도에 따른 것이다. 여기서 우리는 메신저의 시대에 메신저의 손으로 편집되는 과정을 지켜보는 특혜를 부여받았다. 이것은 과거 위대한 종교들이 그 시대의 메신저에 의해 문서 형태로 되지 않고, 세월이 흐르면서 원래 계시들이 변형되고 변질되기 쉬운 채로 남겨진 사실과는 대조를 이룬다.

이런 식으로 메신저는 순수한 상태로 신의 새 메시지 원문을 봉인하여 당신과 세상, 미래 모든 사람에게 내놓는다. 이 책이 오늘 펼쳐지든 500년 후에 펼쳐지든, 신의 원래 메시지는 음성이 전해진 그 날과 똑같은 친밀감·순수성·힘으로 이 책 안에서 말할 것이다.

*신이 다시 말했다*는 신이 인류에게 보내는 살아 있는 메시지의 시작이다. 이 책의 각 장은 그 메시지 안에 담긴 숨결과 같다. 그 안에서 신이 인류를 부르고 있다. 세상을 가로질러 모든 국가와 문화와 신앙 공동체를 향해 부르고, 정부나 종교를 향해 부르며, 내적 고통이나 물질적 궁핍이 극심한 가장 어두운 곳을 향해 부르고 있다. 또한 인류의 영적 힘이 부상하도록 부르고, 인류가 앞에 놓인 큰 도전들에 대비할 만큼 충분히 단합하고 협동할 수 있도록 부르고 있다.

놀랍게도, 당신이 신의 새 메시지를 찾아냈거나, 아니면 신의 새 메시지가 당신을 찾아냈다. 이것은 결코 우연이 아니다. 신은 지금 세상을 가로질러 부르고 있으며, 이 부름이 당신을 찾아냈다.

이때 이 시기, 이 세상에서 당신의 삶과 현존에 있는 신비의 다음 장이 열린다. 문은 당신 앞에 열려 있다. 당신은 시작하기 위해 들어가기만 하면 된다.

당신이 계시 안으로 더 깊이 들어갈수록 명료성과 내적 확신, 당신 삶의 참된 방향을 더 깊이 체험하면서, 당신 삶에 그 영향이 더 커질 것이다. 당신이 자기 의심이나 내적 갈등, 과거의 속박에서 더욱더 자유로워질 때, 결국 당신의 의문들이 응답받을 것이다. 이것이 당신이 항상 살기로 정해진 큰 삶을 드러내면서 당신에게 직접 말하는 하늘의 힘이다.

New Knowledge Library

제 1 장

선언서

2006 년 7월 6일
미국 콜로라도 보울더에서
마샬 비안 서머즈에게
계시되었다

신의 새 메시지가 세상에 있다. 새 메시지는 모든 생명의 창조주에게서 왔다.

새 메시지는 이 세상을 관장하는 천사들의 현존을 통해 인간의 언어와 이해방식으로 번역되었다.

새 메시지는 수백 수천 년에 걸쳐 창조주에게서 전해지는 위대한 메시지들을 이어가고 있다.

새 메시지는 지금 이 시대와 다가올 시대를 위한 새로운 메시지이다.

새 메시지는 이전에 인류에게 전해진 위대한 메시지들을 따르지만, 동시에 전에는 인류에게 전혀 제시된 적이 없는 것들도 드러내 보여준다. 왜냐하면 인류는 지금 세상 안팎 모두에서 심각하고 위험한 일련의 도전에 직면하고 있기 때문이다.

신의 새 메시지는 모든 국가와 종교, 모든 부족과 집단, 모든 성향의 사람들로 구성된 인간가족에게 경각심을 주고 힘을 주며, 그들을 준비시키고자 세상에 왔다.

새 메시지는 절박한 시기이자 매우 중요한 시기에 왔다. 새 메시지는 사람들이 전혀 인식하지 못한 것까지 준비시키고 있다.

새 메시지는 사람들에게 세상에 다가오고 있는 변화의 큰물결, 그리고 우주에서의 인류의 처지, 특히 다른 종족들과 접촉에 관한 것에 대해 경각심을 주는 예언을 하고 있다.

새 메시지는 각 개인 안에 있는 큰 영적 현존—인간가족 모두가 천부적으로 부여받은 위대한 앎을 부르고 있다. 이제 이 앎이 자라서 튼튼해지고, 그리하여 밖으로 드러나야 한다.

새 메시지는 개개인의 큰 영적 필요성—자신의 목적·의미·방향을 알아야 필요성에 대해 이야기한다.

새 메시지는 사람들이 다른 사람과 맺을 수 있는 큰 관계—삶에서 그들 자신의 더 큰 목적을 나타내는 관계들을 이야기한다.

새 메시지는 세상에 필요한 것들과 미래에 필요한 것들을 이야기한다. 그리함으로써 새 메시지를 받아들여 배우고 새 메시지의 계단들을 따를 수 있는 사람들, 다른 사람들에게 새 메시지를 공헌하고, 타인·가족·공동체·국가 및 온 세상에 봉사하는 데 새 메시지의 지혜를 나눌 수 있는 사람들 모두에게 목적과 자각, 통합과 협동, 지혜와 힘을 가져다준다.

이 축복을 받아들이라. 신의 새 메시지에서 배우라. 새 메시지는 현재 세상 종교 안에 있는 참된 것을 모두 확인해줄 것이며, 당신이 이미 지니고 있는 깊은 지혜에 대해 말한다는 것을 자각하라. 새 메시지는 당신 개인 생각이나 믿음은 물론, 문화나 국가의 생각이나 믿음조차도 뛰어넘어 당신 가슴에 말할 것이다.

이 선물을 받아들여 인내를 가지고 새 메시지에서 배우라. 앎으로 가는 계단을 밟고, 큰공동체 지혜를 배우라. 앞에 놓인 어려운 시기를 인식하고 헤쳐 나가기 위해, 인류를 통합하고 강하게 하며 준비시킬 인류의 단일 영성의 힘을 자각하라.

인간의 자유·협동·책임을 보존하고, 강화할 것을 요청하는 새 메시지를 받아들이라.

새 메시지가 없다면, 인류는 심각하고 급작스런 쇠퇴에 직면할 것이다.

인류는 우주에서 온 개입 세력들에게 이 지구에서 자유와 주권을 넘겨줄 위험에 직면하고 있다.

이 새 메시지가 없다면, 인간 정신은 휴면 상태에 있을 것이고, 사람들은 절망·경쟁·갈등 속에서 살아갈 것이다.

인류가 주권을 가진 자유종족으로, 즉 인간가족을 계속 강하게 하고 활기차고 적극적이고 창의적이게 하는 깊은 힘과 목적을 존중하면서, 강한 종족, 통합된 종족, 문화적 다양성을 유지할 수 있는 종족으로 우주 지적생명체가 이룬 큰공동체에 진입하는 것이 바로 창조주의 뜻이다.

신의 새 메시지는 미래 성장을 위한 새로운 기회를 제시하지만, 성장하려면 인류가 먼저 살아남아야 한다. 인류는 앞에 놓인 어려운 시기에서 살아남아야 하고, 이 지구의 운명을 통제하는 일을 놓고 바깥세상과 경쟁에서 살아남아야 한다.

각 개개인은 신이 자신에게 준 앎, 그들 자신의 목적·의미·방향은 물론 모든 의미 있는 관계의 기준을 담고 있는 앎을 발견할 큰 기회가 자신에게 있음을 인식해야 한다.

개인을 위한 신의 새 메시지가 있고, 세상 전체를 위한 신의 새 메시지가 있다. 그 메시지가 지금 세상에 있다.

메시지가 대단히 방대하므로 메신저가 이것을 받는 데는 긴 시간이 걸렸다.

그러니 세상에 새 메시지를 가져오기 위해 온 이를 존중하라.

그는 겸손한 사람이다. 그는 이처럼 큰 역할을 해내는 데 필요한 지혜를 계발했고, 이 목적을 위해 세상에 파견되었다.

그를 받아들이라. 그를 이해하라. 하지만 찬양하지는 말라. 그는 신이 아니다. 그는 신의 새 메시지를 세상에 전달하는 메신저이다.

이제 때가 되었다. 큰 기회가 왔다. 이것이 지구 전역에서 사람들이 기도한 것에 대한 응답이다. 모든 종교, 모든 국가, 모든 문화를 통해서 한 기도에 응답이고, 지혜·힘·통합·자유·구원을 바라는 기도에 응답이다.

이제 이 새 메시지를 받아들이라. 새 메시지가 왔으며, 정확히 때맞추어 왔다.

제 2 장

복창

2011년 4월 1일
미국 콜로라도 보울더에서
마샬 비안 서머즈에게
계시되었다

신이 다시 말했다.

우리는 신의 메시지를 전하는 이들이다. 신의 뜻은 우리를 통해 표현된다.

우리는 당신의 판단이나 추측, 당신의 종교적 이론 너머에 있다.

왜냐하면 인간은 물질세계에서 경험한 것만을 조합하여 상상할 수밖에 없지만, 실재는 상상을 뛰어 넘고, 이성의 영역을 벗어나 존재하기 때문이다.

이것은 당신이 살고 있는 큰공동체 우주 전역에 걸쳐 진실이다.

우리는 이 시대를 위한 큰 메시지를 전한다. 이 메시지는 전 우주를 창조한 창조주에게서 나왔으며, 인류를 보호하고 세상을 구하려고 왔다.

우리는 당신이 이해할 수 없는 존재이다. 하지만 인류가 스스로를 위해 인식하고 행동해야 하는 것, 즉 인류가 보아야 하는 것, 지금까지 보지 못한 것, 알아야 하는 것, 지금까지 알지 못한 것, 해야 하는 것, 지금까지 하지 못한 것 을 알려주는 출처이자 중개자이다.

이것이 이 시대를 위한 메시지이다. 지금은 계시의 시대이다.

이 계시를 받아 인류에게 전하는 기념비적인 일을 하도록, 한 사람이 세상에 파견되었다.

새 메시지를 받는 일은 지금까지 인간가족에게 전해준 것 중에 가장 큰 계시를 받는 일이다.

새 메시지를 세상에 전하는 일은 기념비적인 일로, 새 메시지가 필요한 곳이면 어디든 이것을 전하는 일에 메신저와 그를 돕는 이들 모두가 해야 하는 일이다.

계시는 모든 곳에서 필요하다. 왜냐하면 인류가 큰 위험에 직면하고 있기 때문이다. 인류는 환경을 파괴하여 자멸할 수 있는 씨앗을 뿌려 놓았다. 수질과 토양이 악화되고 대기가 오염되어, 지구 스스로 변하기 시작하는 지경에 이르렀다. 그래서 이 변화로 이 세상과 인간가족에게 큰 시련과 고난이 올 것이다.

인류는 지적 생명체가 사는 우주를 맞이하고 있다. 인류는 지금 이 일을 준비해야 한다. 왜냐하면 접촉은 이미 시작되었으며, 접촉하는 이들이 나약하고 혼란스러운 인류를 이용하려 하기 때문이다.

지금은 큰 변화와 불확실성의 시대이다. 외부세력은 세력을 확장하려 하며, 인류는 여전히 무지와 어리석음에 빠져 방탕하고 있다.

새 메시지는 한 문장으로 말하기에는 너무 방대하지만, 당신을 신 가까이에 데려다 줄 것이며, 한 개인으로서 당신이 파견되어 지금 세상에서 해야 할 일에 더 가까이 다가가도록 해줄 것이다. 그것은 지금 당신이 믿거나 상상하는 것하고는 전혀 다를 것이다.

신은 인류가 우주를 준비할 수 있도록 우주에서 지혜를 가져왔다.

신은 영성의 본질을 순수한 형태로 가져왔다. 그것은 역사나 인간의 조작에도 때묻지 않았고, 정치나 인간의 의지, 부패에도 구속받지 않았다.

우리는 당신에게 앎으로 가는 계단을 전한다. 그래서 신이 당신 내면에 심어놓은 깊은 마음을 알게 하여, 점점 더 위태로워지는 세상에서 그 깊은 마음이 당신을 안내할 수 있게 한다.

대격변이 이제 일어날 것이고, 일어나기 시작했다. 이는 인류가 무지하여 세상을 남용하고 오용한 데서 생긴 자연재해이다.

지금은 청산할 때이고, 책임질 때이며, 어리석음과 오만을 종식시킬 때이다.

오직 신만이 무엇이 오는지 안다.

우리는 새 메시지를 전했다. 이 메시지는 천 회에 걸쳐 전해주는 가르침으로, 당신이 여생을 온통 쏟아부어도 될 만큼 많은 양이다. 또한 인간이 새로운 방향으로 힘을 쏟고 인식을 새롭게 전환할 수 있을 만큼 많은 양이다. 그래서 인류가 과거보다 더 나은 미래를 만들 수 있게 하였고, 변화의 큰물결에서 살아남을 수 있게 하였으며, 주변 우주의 개입과 경쟁에서 살아남을 수 있게 하였다.

그러니 이 메시지에 귀를 기울이라. 생각이나 믿음, 판단으로 듣지 말고, 깊은 마음으로 들으라. 이 마음은 당신이 깊은 확신으로 듣고·보고·알고·생각할 수 있도록 신이 당신에게 주었다.

우리가 하는 말은 추측하거나 토론하기 위한 것이 아니다. 이는 들을 수도 볼 수도 없는 어리석은 자들이 하는 도락이다.

당신은 새 계시가 당신 삶을 바꾸기 때문에 새 계시를 무서워한다. 하지만 동시에 당신 삶을 바꾸기 때문에 염원한다.

당신 눈을 멀게 하는 것은 이처럼 모순된 마음이다. 이처럼 상반된 목적 때문에 당신이 계속 혼란 속에 있고, 볼 수 없게 된다.

우리는 지금까지 세상에 모든 계시를 전한 이들이다.

왜냐하면 신은 말하지 않기 때문이다. 신은 개인이 아니며, 개체성이나 단일 의식으로 보면 안 된다. 이처럼 신을 생각했다면, 창조주를 과소평가하고, 당신 자신을 과대평가한 것이다.

예수, 붓다, 모하메드, 그 밖의 다른 스승들, 선지자들에게 말한 이들이 바로 우리이다. 바로 우리가 모든 시대를 통해 세상에 더욱 명확성을 주려고 예언자들에게 말했으며, 신의 메신저들에게 말했다. 이 메신저들은 인류에게 큰 전환점이 생길 때만 온다.

당신은 우리를 숭배할 수 없다. 당신은 우리 이름을 모를 것이다.

이제는 당신이 책임져야 하며, 그래서 점점 더 힘들어지고 격변하는 세상에서 봉사할 수 있도록 창조주가 당신에게 준 기술과 힘을 활용해야 한다.

만약 당신이 이곳에 파견될 때 맡은 임무를 할 뜻이 없고, 앎으로 가는 계단을 밟을 수도 없으며, 당신 운명과 성취를 스스로 결정할 수 있다고 생각할 만큼 오만하다면, 창조주 앞에 엎드리지 말라.

위선자가 되지 말라. 섬길 수 없거나 섬기려 하지 않은 신을 엎드려 숭배하지 말라.

섬길 수 없는 신을 숭배하기 보다는 차라리 혼자 결정한 삶을 살면서, 거기에서 오는 모든 위험을 받아들이는 편이 더 낫다.

당신이 계시에 응답할 수 없다면, 지금 여기서 무엇을 하고 있는가?

메신저들은 모두 박해를 받았다. 메신저들은 모두 오해를 받았다. 새로운 계시가 올 때마다 거부당하고, 저항과 의심을 받았다.

이번에는 그럴 시간이 없다. 인류의 운명은 향후 이십 년이 지나면 결정될 것이다. 세상과 인간가족의 상태, 인류 문명의 운명과 미래가 결정될 것이다.

지구에는 더 이상 인간만 존재하는 것이 아니며, 당연히 우주에도 인간만 존재하는 것이 아니다. 당신은 지금 무엇이 일어나고 있는지, 수평선 너머에서 무엇이 오고 있는지 알지 못한다. 왜냐하면 너무 두려워 볼 수가 없고, 너무 오만하여 안다고 생각하기 때문이다. 그래서 인간의 추측과 판단 영역 너머에 있어, 당신이 볼 수도 알 수도 없는 것을 당신에게 보여주려고 계시를 준다. 새 메시지에 있는 가르침 곳곳에 이것이 언급되어 있다.

이것이 새 메시지이다. 이것과 싸워보라. 그러면 당신은 자신을 인정하는 것과 싸우는 꼴이 된다.

왜냐하면 당신은 창조주가 당신에게 준 큰 마음, 큰 힘을 알아야 하기 때문이다.

이 큰 마음은 모든 종교에서 가르쳤지만, 동시에 모든 종교 때문에 가려지고 덮여졌다. 이제 바로 인식되어야 한다.

신은 세상을 관리하지 않는다. 신은 재앙을 내리지 않으며, 폭풍·지진·홍수·가뭄을 일으키지 않는다.

신은 인류가 새롭게 변한 세상, 예측할 수 없는 세상을 어떻게 다루는지 보려고 지켜보고 있다.

인류는 생명체가 사는 우주의 큰공동체로 진입하고 있다. 왜냐하면 다른 생명체가 매우 가치 있고 중요한 지구에 영향력과 지배권을 행사하려고 와 있기 때문이다.

그러나 사람들은 보지 못한다. 듣지도 못한다. 혹여 생각이라도 하게 되면, 자신의 생각이나 믿음이 분명히 옳다는 결론을 도출한다.

그래서 사람들이 보지 못한다. 국가들은 준비하지 않는다. 그리고 파괴적인 행동은 계속된다.

우리는 세상을 지켜본다. 우리는 매우 오랫동안 지켜보아 왔다.

우리는 인류의 발전과 진화를 지켜보도록 신이 보낸 이들로서, 메신저들에게 전할 계시를 받고, 선지자들에게 전할 통찰력을 받는다. 또한 경종을 울리고, 축복을 주어, 이제는 과거에 경험했던 것과는 다른 세상을 준비하게 하고, 인류가 큰공동체에서 싸우게 될 미래를 준비하게 한다.

신은 인류를 구하려고 악을 몰아내거나, 인류가 만든 문제를 없애주지 않는다. 또한 진화의 자연스러운 한 부분으로서 인류가 직면해야 하는 문제도 없애주지 않는다.

신이 인류를 구하려고 이런 일을 해주리라 생각했다면, 마치 당신이 지금 분리 상태에서 살고 있는 것처럼 신성과의 당신 관계를 오해한 것이다.

신과 당신은 절대로 완벽하게 분리된 것이 아니다. 왜냐하면 당신의 일부분이 여전히 신과 연결되어 있기 때문이다.

이것을 우리는 앎이라 부른다. 이 앎이 개인적 삶의 의미와 가치를 결정짓는 요인이 되는 것은 물론, 인류가 새로운 세상을 준비하고, 새로운 환경에 적응하여, 새 시대를 만들어낼 수 있을지를 결정지을 것이다.

전에는 이와 같은 계시가 필요하지 않았으므로 인간가족에게 결코 전해지지 않았다.

인류는 지구에 문명을 창조하였다. 혼란스럽고 분열되어 있지만, 그래도 문명이다.

인류는 국가나 문화가 점점 더 상호의존하게 되었다. 이것은 창조주가 의도한 바였다. 왜냐하면 이것은 인류를 포함해 우주에 있는 모든 지적 종족들이 가는 자연스런 진화이기 때문이다.

인류는 이제 다음에 오는 큰 전환점인 쇠퇴하는 세상을 직면해야 한다. 세상은 자원감소, 안정성 상실, 식량난, 식수난을 겪을 것이며, 성장하는 인류는 그런 세상 조건들에 직면해야 할 것이다. 그래서 인류에게 새 계시가 필요하다.

이전에 창조주가 준 계시로는 인류가 변화의 큰물결을 준비할 수 없다. 그리고 큰공동체에서 맞는 운명을 준비할 수 없다. 지금 인류 앞에 놓여 있으며 점점 더 높아지는 문턱을 넘을 수 없다.

인류는 이런 일들을 앞에 두고 아무런 답이 없다. 그래서 계시가 내려온 것이다. 왜냐하면 인류는 이제 알아야 하고, 경고와 축복이 필요하며, 과거와는 다른 미래를 준비해야 하기 때문이다.

그러니 이 메시지를 들으라. 머리로 듣지 말고 가슴으로 들으라. 메시지는 당신 내면에 있는 큰 진리, 개념이나 믿음을 초월한 큰 진리에 말하고 있다.

메시지는 이성으로는 알 수도 없고 닿을 수도 없는, 당신 내면에 매 순간 살아있는, 내면의 자연스런 울림, 자연스런 친근감, 자연스런 성향에 말하고 있다.

이것이 당신의 깊은 본성과의 소통이며, 그 본성을 증폭시켜 불러낸 다음, 현재 당신에게 있는 관념·믿음·활동과 대조해 보게 한다.

당신은 준비되지 않았다. 신은 그 준비를 보냈다.

당신은 알지 못한다. 신은 알 수 있도록 마련해준다.

당신은 불확실하다. 신은 당신 내면에 있는 확실성의 중심으로 당신을 부른다.

당신은 모순 속에 빠져 있다. 신은 모순에서 빠져나가는 길을 마련해준다.

당신은 자신을 비하하고 남을 비하한다. 신은 당신에게 당신의 진정한 가치와 세상에서의 목적을 회복시켜준다.

세상은 변하지만, 당신은 보지 못한다. 신은 당신에게 볼 수 있는 눈과 들을 수 있는 귀를 주었지만, 그 눈과 귀는 당신이 지금 보고 듣는 것, 당신이 지금 이해하고 있는 것과는 전혀 다르다.

인류는 새 계시가 없으면, 실패할 것이다. 세상은 새 계시가 없으면, 그 어느 때보다 어둡고 위험해지며, 갈등 속에서 지내게 될 것이다.

인류는 스스로 실수한 것과 명확성이 없는 것 때문에 비틀거리며 실패할 것이다.

지구 자원은 대립과 경쟁, 전쟁으로 소모될 것이다. 사람들은 정부에 맞서 들고 일어날 것이다. 사람들은 서로 맞서 싸울 것이다.

미래에는 말로 다할 수 없는 갈등이 있을 것이며, 이전 어느 때보다 더 크고 오래 지속될 것이다.

새 계시는 당신이 이해하지 못한 부분을 담고 있고, 자각할 수 있는 열쇠를 쥐고 있으며, 당신의 힘과 자결권의 원천을 품고 있다.

이와 같은 것들을 얻으려면, 당신은 진지한 마음으로 진지하게 살아가며, 삶에서 절실히 필요한 것들에 주의를 기울여야 한다.

그래서 신이 계시를 보냈다.

이것이 계시이다. 우리가 계시이다.

이제 숭배해야 할 영웅도 없고, 신으로 받들어야 할 사람도 없으며, 오직 져야 할 큰 책임이 있고, 활용해야 할 큰 지혜만이 있다.

개인적인 깨달음으로는 도망갈 수 없다. 도망갈 길이 없다.

자신을 속일 수 없다. 깊이 동조하고 책임질 일만 있고, 크게 희생하고 공헌한 일만 있다.

그러면 세상을 구할 것이다. 또한 우주에서 인류가 자유와 자결권을 가질 것이다. 우주에서 자유는 매우 귀한 것이므로 조심스럽게 보호되어야 한다.

자유와 자결권을 가질 때, 어떤 환경 속에 있더라도, 개인의 존엄성을 회복하고, 큰 힘과 중요성을 지닌 것에 공헌할 능력을 복원할 수 있다.

이 메시지를 들으라. 관념이나 믿음, 주장을 갖고 듣지 말고, 가슴과 깊은 본성으로 들으라.

왜냐하면 신은 오직 당신 내면에 신이 창조한 것에만 말할 수 있기 때문이다. 신은 당신의 사회적 성격을 창조하지 않았고, 당신의 관념과 믿음을 창조하지 않았으며, 당신의 결정이나 실패, 후회를 창조하지 않았다.

신은 오직 당신 내면에 신이 창조한 것에만 말할 수 있다. 그것은 당신 내면 깊은 곳에 있고, 널리 퍼져 있으며, 훨씬 더 자연스럽다.

새 메시지는 당신을 부르고 있다. 당신이 새 메시지를 알게 되면, 당신은 그에 걸맞게 도전해야 하고, 새 메시지가 당신 삶에 무엇을 의미하는지 직시해야 한다.

사람들은 변하고 싶지 않으므로 계시를 거부한다. 그들은 믿음과 관념, 사회적 위치를 모두 다시 생각해보아야 한다는 것이 싫다.

그들은 사실 새 메시지를 반박할 수 없다. 다만 새 메시지를 회피할 수 있고, 기존에 투자한 것과 자신에 대한 관념을 지키려고 싸울 수 있을 뿐이다.

겉으로만 그럴싸한 이유를 대지 않고서야 누가 창조주의 뜻과 지혜에 맞서 싸울 수 있겠는가?

여기서 사람들이 직면한 어려움이 무엇인지 알 수 있다. 사람들이 자신과 자신이 보고 안 것에 실제로 얼마나 정직하고자 하는지 보라. 그들이 자신과 자신이 처한 상황, 주변 세상을 실제로 얼마나 알고자 하는지 보라. 그들이 얼마나 책임감을 가지고 자신의 삶에 균형을 찾아보고자 하고, 전에는 하지 못했던 어려운 결정을 내려 보고자 하는지 보라.

여기에서 이성이 마치 신이나 된 것처럼 행세한다는 것을 알 수 있다. 물론 이성은 정교하게 만들어진 종이다. 이성이 하는 일은 종의 역할이며, 그렇게 설계되었다.

여기서 자신을 속이는 형태로 오만과 무지가 서로 결합하며, 여기에 아주 많은 사람들이 집착한다는 것을 알 수 있다.

그래서 당신은 무엇이 크고 무엇이 작은지 알 것이며, 무엇이 강하고 무엇이 약한지, 무엇이 참이고 무엇이 거짓인지, 무엇이 귀중하고 무엇이 귀중한 것처럼 가장하는지 알 것이다.

계시는 모든 것을 드러낸다.

그래서 당신에게 내면에 있는 큰 것을 따르며, 작은 것을 다스리라고 요청한다. 그리고 이 점에서는 타협점을 찾지 않는다.

당신은 모든 것을 가질 수 없다. 과거와 미래는 공존할 수 없으니, 둘을 한꺼번에 가질 수는 없다.

오직 실망하고 실패하는 것을 통해서만, 당신은 자신이 살기로 한 삶을 살지 않고 있다는 것을 알게 되고, 자신이나 남들에게 정직하지도 진실하지도 않다는 것을 알게 된다. 이것은 가혹하지만, 청산의 시기이자 깨달음의 시기, 계시의 시대에 필요한 청산이다.

여기 말한 것에 귀를 기울이라. 당신의 관념이나 가정을 내려놓고, 방어하지 말고 들으라. 오만과 자부심, 어리석음으로 듣지 말고, 내면의 깊은 본성으로 들으라. 당신이 이 계시를 받아야 하기 때문이다.

이것은 계시의 한 부분이다.

제 3 장

결합

2011년 4월 16일
미국 콜로라도 보울더에서
마샬 비안 서머즈에게
계시되었다

오늘 우리는 큰 권능인 신에 관해 말할 것이다.

큰 권능이 지금 당신에게 말하고 있다. 큰 권능은 천사의 현존을 통해 말하고 있으며, 당신의 존재 가장 중심이자 근원인 당신의 한 부분에 말하고 있다. 그리고 사회가 정한 틀을 뛰어넘고 당신의 관념과 믿음을 뛰어넘어 말하고 있으며, 당신의 문화는 물론 종교에서 품고 있는 사상과 믿음을 뛰어넘어 말하고 있다.

큰 권능이 주는 메시지에는 세상을 위한 것과 세상 사람들 각 개인을 위한 것이 있다. 이 메시지는 생각 그 이상이며, 생각을 모아놓은 것 그 이상이다. 이 메시지는 부름이자 확인이다. 그래서 응답하라고 당신을 부르며, 동시에 당신과 세상 사람 모두의 내면에 깊은 본성이 있음을 확인해준다. 확인은 응답하는 당신 능력에 전환점이다.

큰 힘과 현존이 물질우주를 주재한다. 여기서 말하는 물질우주는 당신이 상상할 수 있는 것보다 훨씬 더 크고 광활하다. 또한 이 힘과 현존은 물질우주를 넘어 창조 자체를 나타내는 훨씬 더 큰 영역, 존재 가능성마저도 극소수 사람들만 믿고 있는 그런 큰 영역을 주재한다.

그럼에도 큰 권능은 여전히 당신의 가장 내밀한 부분, 표층 마음 저 아래에 있는 당신 존재의 중심에서 당신에게 말한다.

이 큰 권능은 당신의 가장 깊은 관계이다. 또한 당신과 관계를 맺고 있는 사람들, 장소, 심지어 사물들에 이르기까지 모든 관계에 의미와 목적을 심어주는 근원이다.

당신에게 이제 이 큰 권능이 필요하다. 그래서 이 권능은 당신의 깊은 부분에 말하고, 당신의 깊은 부분과 당신이 친해지도록 하며, 새로운 세상을 살아가는 일이나 지적 생명체로 이루어진 우주 큰공동체와 관계 맺는 일에 당신을 준비시킨다. 당신은 이러한 것들을 알지 못하지만, 이것들은 당신 삶의 일부분이다.

어쩌면 당신은 자신의 깊은 본성을 명확해지는 순간이나 앞일을 미리 알 때, 체험했을지도 모른다. 심지어 실망스러울 때, 즉 자신의 욕망이나 두려움과도 무관하고 다른 사람들의 욕망이나 두려움과도 무관한 것을 들을 수 있게 되었을 때, 체험했을지도 모른다.

큰 권능이 당신을 부르고 있다. 당신 마음 안에 있는 태곳적 통로를 타고 내려가서 당신을 부르고, 당신의 믿음이나 선입견을 뛰어넘어 당신을 부르고 있다.

왜냐하면 신이 다시 말했고 신의 말씀과 음성이 세상에 있기 때문이다. 신의 말씀은 이성으로 이해하기에는 너무 깊고 너무 심오한 메시지를 담고 있다.

신의 말씀은 큰 목적과 큰 책임을 말하며, 이 세상에도 있고 이 세상 너머에도 있는 큰 관계를 말한다. 이 관계를 통해, 당신은 다리가 된다. 세상으로 가는 다리이자, 당신의 고향으로 가는 다리, 당신이 온 곳이자 되돌아갈 곳인 고향으로 가는 다리가 된다.

사람들은 많은 것을 원한다. 사람들에게는 큰 두려움이 있다. 상실에 대한 두려움, 갖지 못할 것에 대한 두려움, 빼앗길 것에 대한 두려움, 탄압에 대한 두려움, 고통과 괴로움에 대한 두려움, 죽음에 대한 두려움이 있다.

그러나 큰 권능은 이 모든 것을 뛰어넘어 말한다. 이 큰 권능은 창조물에게 말하는 창조주이다.

당신 내면에 있는 창조물은 우리가 앎이라고 부르는 깊은 마음이다. 앎은 당신의 영원한 부분이다. 앎은 이번 생 이전에도 존재했으며, 이번 생이 끝나도 존재할 당신의 일부분, 오직 음성의 힘에만 안내받으며 분리의 영역을 통과해 여행하는 이번 생, 그 너머까지 존재하는 당신의 일부분이다.

사람들은 많은 것을 원한다. 사람들에게는 큰 두려움이 있다. 많은 사람이 굳건한 믿음을 가지고 있다. 하지만 큰 권능은 보고 들을 수 있고 깊은 수준에서 응답할 수 있는 모든 사람에게 이러한 욕망·두려움·믿음을 뛰어넘어 말한다.

큰 권능은 당신 마음보다 더 크므로, 당신이 평가할 수 없다. 또한 당신 능력 너머에 있으므로 당신이 토론할 수 없다.

큰 권능은 모든 곳에 스며있으므로 신비롭다. 큰 권능의 기원은 지구를 포함한 모든 세계를 초월하여 존재하므로, 당신이 상상할 수 없다.

그러나 그 체험은 매우 깊어 당신 삶의 방향을 바꿀 수 있고, 당신을 분리의 꿈에서 깨울 수 있으며, 당신의 편견이나 불필요한 관계 등에서 당신을 불러낼 수 있다. 그리하여 당신이 태곳적 음성을 들을 수 있게 한다. 이 음성은 생각해 낼 수 없는 삶을 말할 만큼 오래되었지만, 당신의 본래 삶을 말한다.

신은 수평선 너머에서 무엇이 오는지 안다. 신은 당신이 왜 여기 있는지 안다. 신은 목적이 있기 때문에 당신을 이곳에 파견했다. 당신의 계획이나 목표는 당신이 파견된 목적을 거의 설명하지 못한다.

그 목적은 훨씬 더 큰 어떤 것이다. 훨씬 더 단순하며, 거창한 것과는 거리가 먼 어떤 것, 당신의 존재, 당신의 특성, 당신의 설계에 본질적인 어떤 것이다.

그 목적은 당신에게 있는 가장 주된 관계이고, 가장 깊은 사랑이며, 가장 깊은 친밀감이다. 그 목적은 당신을 당신 자신과 결합하게 하고 당신 삶을 한 곳에 집중하게 한다.

그 목적은 신비한 태곳적 음성의 안내를 받아 당신에게 해롭거나 아무 희망이 없는 상황에서 당신을 불러내 세상에 크게 참여하는 곳으로 불러들인다. 지금까지 당신이 들어본 어느 것과도 다른 음성, 지금까지 느꼈던 어떤 것보다 더 깊고, 당신이 보고 만질 수 있는 어떤 것보다 더 큰 음성이 당신을 불러들인다.

사람들은 많은 것을 원하며, 큰 두려움에 휩싸여 있다. 심지어 그들이 즐기는 일에도 두려움과 걱정이 가득차 있다.

그러나 태곳적 음성은 두려움 너머에 있으니, 당신이 음성에 응답하면 당신도 두려움에서 벗어난다.

이것이 무엇인지 누가 말할 수 있겠는가? 누가 이것을 평가할 수 있겠는가?

생산성을 생각하며 어리석게 굴지 말라. 분석적으로 따지지 말라. 왜냐하면 이것은 더 깊고 심오한 수준에서 일어나고 있기 때문이다.

이것에서 뒤로 물러서서는 안 된다. 왜냐하면 이것은 당신의 삶, 당신의 목적, 당신의 부름이기 때문이다.

현존과 은총이 당신과 함께 있다. 그러나 당신은 다른 것을 바라보고 있다. 당신 마음은 다른 곳에 있다. 당신을 구원하고 회복시켜줄 것은 지금 당신과 함께 있다. 그러나 당신은 다른 방향을 바라보고 있다.

계시는 세상에 있다. 신은 인류를 위한 큰 계시를 가지고, 또 인간가족 앞에 놓인 어렵고 위험한 미래에 대비할 준비물을 가지고 다시 세상에 왔다.

어렵고 위험한 미래란 무엇인가? 또 무엇을 의미하는가? 그리고 그 일은 왜 일어나는가? 당신은 그 일을 어떻게 준비할 것인가?

오직 계시만이 이 질문들에 답해줄 수 있다. 당신 혼자 따로 떨어져 있으면, 이 질문들에 답할 수 없다.

사람들은 많은 것을 원하고, 매우 산만하며, 편견에 사로잡혀 있다. 그러나 자신이 어디에 있는지, 무엇을 하고 있는지 모른다. 그들의 목표는 대부분 사회에서 정한 목표이다. 그들은 자신이 삶에서 어디로 가는지, 왜 이곳에 와 있는지, 누가 자신을 이곳에 파견했는지 모른다. 또한 무엇이 자신을 회복시켜주고, 무엇이 자신을 실현시켜주며, 무엇이 자신의 삶에 목적과 방향을 주는지 모른다.

태곳적 음성은 당신에게 지금 말하고 있다. 당신은 내면에서 응답하는 태곳적 음성을 들을 것이다. 왜냐하면 당신의 연결이 매우 깊기 때문이다. 그 음성은 마치 사막 아래 지하에서 흐르는 강물과 같다. 가장 순수한 물인 지하 강물이지만, 표면에서는 볼 수도 없고, 달리 수단이 없다면 찾을 수도 없는 강물과 같다.

당신은 삶을 표면에서 살고 있지만, 당신 내면 깊은 곳에서는 신성에 연결되어 있다. 그리고 이 연결은 부름과 응답을 통해, 깊은 음성과 큰 지시를 따름으로써 체험된다.

"왜? 어찌하여 이런 일이 일어나는가?"라고 사람들은 묻는다. 사람들은 멈추어 귀를 기울여야 하고, 귀 기울이는 법을 배워야 하며, 이 순간에 온전히 주의를 기울여야 한다. 그래야 계시가 그들 내면을 흔드는 것을 듣고 느끼고 볼 수 있다.

사람들 각자 안에 있는 계시는 내면을 흔들기 때문이다. 이것이 바로 계시의 시대에 신이 세상에 말하는 방법이다. 이것이 가장 깊고 가장 의미 있는 수준에서 관계이다.

당신은 신에게서 떨어져 나갈 수 없다. 신은 당신이 어디에 가든 함께 가기 때문이다. 신은 당신이 무슨 일을 하든, 매 순간 당신과 함께 있다.

당신은 자신을 다른 것과 결부시키거나, 다른 것과 동일시하면서, 오직 자신의 생각 속에서만 분리되어 있을 수 있다. 그러나 태곳적 음성은 당신과 함께 있으면서, 응답하라고 당신을 부르고, 당신을 안내하며, 당신을 제지한다.

당신의 깊은 곳에서 느껴지는 예감과 당신 가슴에서 재촉하는 것들을 이해하려면, 당신은 귀 기울여 듣기 시작해야 한다. 당신 내면에 귀 기울이라. 판단하거나 비난하는 일 없이 세상에 귀 기울이라. 지금 다가오는 것이 보내는 신호에 귀 기울이라. 당신이 어떻게 응답해야 하는지 귀 기울이라. 누구와 함께 있어야 하고, 누구와 함께 있지 말아야 하는지 귀 기울이라.

이때 당신은 두려움을 따르지 않는다. 여기에는 비난이 없다. 여기에는 큰 분별력이 있으며, 큰 자각이 있다.

신은 당신을 안내하고 보호하기 위해, 또 큰 삶으로 이끌고 세상에 참여하도록 이끌기 위해, 당신 내면에 앎을 심어놓았다. 큰 삶은 이성의 영역 너머에 있으며, 깊은 수준에서 일어난다.

일단 이 큰 삶을 체험하기 시작하면, 당신은 큰 분별력을 얻기 시작한다. 자신이 하는 일이나, 관계 맺는 사람들에 대해 조심하게 된다. 당신이 그들과 함께해야 하는지, 그들이 당신에게 무엇을 전해주는지 보기 위해 당신은 그들에게 깊이 귀 기울인다.

사람들은 많은 것을 믿지만, 아는 것이 거의 없다. 그들은 마음의 표면에서 살고 있다. 소란스럽고 혼란스러우며, 세상의 풍파와 격동에 지배받는 마음의 표면에 살고 있다.

그들의 믿음은 깊은 관계를 대신하는 대용품이며, 그들의 편견은 자신에게 운명 지어진 큰 결합을 피하는 도피처이다.

그들은 외따로 떨어져 있어 볼 수도 알 수도 없으며, 응답할 수도 없다. 그들은 자신의 생각, 자신의 마음, 자신의 반응에 지배받는다. 그들은 노예처럼 사는 노예이다.

그러나 신비는 그들 내면에 있으며, 삶에서 가장 중요한 것이다. 목표 성취, 부의 보장, 사람들과의 교제, 사회에서의 인정, 이 모든 것을 넘어 신비는 가장 중요한 것이다. 신비는 큰 결합의 영역에 있기 때문이다.

신비는 중요한 모든 것의 원천이다. 위대한 발명이나 공헌, 큰 관계, 큰 체험, 이러한 것이 모두 신비에서 나온다. 즉 당신이 진정 누구인지, 왜 이곳에 와 있는지, 무엇이 당신을 부르는지, 당신의 위대한 단체, 세상에서 특정 사람들과 함께하는 당신의 운명, 당신 주위에 있는 모든 사람이 잠자거나 꿈꾸며 응답하지 않음에도 자신의 길을 찾아내는 당신의 능력 등이 모두 신비에서 나온다. 당신이 해야 하는 여행이 바로 이 신비이다. 이 여행을 하지 않으면, 당신 삶은 괴로운 꿈에 지나지 않을 것이다.

이 세상을 떠나 당신이 영적 가족에게로 되돌아가면, 그들은 당신을 바라보며, 일을 다 마쳤는지, 깊은 관계를 맺었는지 물을 것이다. 그리고 당신은 자신이 했는지, 하지 못했는지 알 것이다.

여기에는 사실을 아는 일만 있을 뿐, 판단이나 비난은 없다. 이전에 신비로웠던 것이 이때는 단순한 현실이 된다. 그리고 당신에게 가장 중요한 것이 무엇인지 분명해진다. 더 이상 마음을 산만하게 하는 것도 없고, 저항하는 일도 없다.

당신은 자신에게, "이번에는 기억할 거야. 이제 알았어. 이제는 알 수 있어. 이번에는 꼭 기억할 거야."라고 말하며, 다시 돌아가기를 바랄 것이다.

그러나 당신은 여기 있는 동안에 기억해야 한다. 그래야 모든 것이 달라진다. 여기에서 중요한 모든 것이 시작된다. 이것이 당신 삶의 전환점이다.

이것은 당신이 한 개인으로 성장하는 동안, 변하는 힘든 세상에 적응하면서, 형상의 세계에 사로잡혀 세상에서 길을 잃은 채로 신비에서 분리되었으므로 신비할 뿐이다. 그러나 이때 무언가가 당신 머릿속에 떠오르며, 신비가 당신과 함께 있고, 당신 안에 있으며, 당신에게 영향을 주고 있다는 것을 느끼기 시작한다.

신비의 원천은 물질 현실 너머에 있다. 왜냐하면 본래의 당신은 물질 현실 너머에 있기 때문이다. 당신이 결국 되돌아갈 곳은 물질 현실 너머에 있지만, 지금은 당신이 이곳에 있기로 되어 있다. 왜냐하면 당신은 목적이 있어 이곳에 파견되었기 때문이다. 이것이 신비이다.

우리가 이런 말들을 하는 것은 깊은 수준에서 당신을 결합하게 하고, 참된 것을 불러내기 위함이며, 또한 당신이 거의 알지 못하는 당신의 위대한 부분에 말하기 위함이다. 우리 사이에는 태곳적 약속이 있으므로 당신의 이 위대한 부분은 응답할 것이다.

당신은 이 약속을 두려워하지만, 동시에 갈망한다. 이것은 자연스러운 갈망이다. 당신이 세상에서 하고 있거나 할 수 있는 그 어느 것보다 더 자연스러운 갈망이다.

이것이 결합이다.

제 4 장

신이 다시 말했다

2011년 2월 24일
미국 콜로라도 보울더에서
마샬 비안 서머즈에게
계시되었다

신이 다시 말했다.

신이 다시 말했다. 왜냐하면 세상이 가장 큰 어려움, 가장 힘든 도전에 직면하고 있기 때문이다.

인간가족은 인류 문명을 위태롭게 할 만한 힘을 지닌 환경 재난을 야기했다. 많은 원인에서 야기된 이 재난은 환경을 바꾸고, 토양을 척박하게 하며, 강을 메마르게 할 것이다. 그리고 인류의 성장과 확장에 그 종말을 고할 것이다. 이 재난은 수십 년, 수백 년 동안 세상을 잘못 사용한 산물이다. 인류는 마치 한없이 개발해도 끝없이 내줄 만큼 세상이 무한히 풍부한 것처럼 내일을 생각하지 않았다.

신에 의해 창시된 세상 종교들은 종종 격렬하게, 심지어 어떤 때는 폭력적으로 서로 경쟁하고 있다. 그 종교들은 대부분 자신의 종교가 가장 훌륭하다고 주장하거나 심지어는 신의 유일한 참된 계시이므로 모두가 따라야 하는 유일한 참된 길이라고 주장하면서, 최고로 인정받는 자리를 차지하려고 서로 경쟁하고 있다.

신이 다시 말했다. 왜냐하면 인류가 지구를 무자비하게 개발하여 지금 엄청난 궁핍과 혼란을 초래할 수 있는 곤경에 직면하고 있기 때문이다.

신이 다시 말했다. 왜냐하면 종교는 극소수 사람이나 단체를 제외하고는 화합하는 데 실패했기 때문이다.

종교는 부족들의 정체성 사이에 다리를 놓는 데 실패했다. 이런 정체성이 충분히 극복되었어야 세계 공동체가 설립될 수 있고, 자신의 직계 분파, 지역 정체성, 독특한 관습이나 문화 등을 초월할 수 있으며, 세계 공동체의 일원이 될 수 있다.

이러한 것을 해나가는 것이 인류의 진화이다. 이 진화는 문화를 매우 다양하게 표현하도록 이끌지만, 동시에 사람들을 함께 살 수 있게 하고, 서로 소통할 수 있게 하며, 자신들이 이룬 것을 공유할 수 있게 한다.

신이 다시 말했다. 물론 이런 일은 불가능하다고 말하는 사람이 많으며, 그들은 마지막 선지자가 세상에 위대한 최종 메시지를 전했다고 말한다. 그러나 어떤 사람이 이런 말을 할 수 있는가? 심지어 신의 메신저마저도 이런 주장을 할 수 없다.

왜냐하면 신은 인간의 생각이나 믿음에 구속받는 일 없이 신의 뜻에 따라 메시지를 전하기 때문이다. 모든 우주의 창조주가 인간의 가정이나 충고에 좌우될 것으로 생각한다면, 이 얼마나 오만인가!

그래서 신이 다시 말했다. 왜냐하면 당신이 자신의 삶에서, 지구에서, 또 지구 밖 우주 큰공동체 안에서 신의 현존과 힘을 이해하는 데 교정해야 할 것이 많기 때문이다.

인류는 우주로 진입하는 문턱에 서 있다. 인류가 지금까지 접해본 어느 것보다 더 복잡하고 어렵고 도전적인 큰공동체, 이런 큰공동체 삶으로 들어서는 문턱에 서 있다.

인류는 마치 성인의 세계로 들어가는 청소년과 같다. 주제넘고 거만하기 짝이 없지만, 성인 세계의 현실과 어려움에 대해서는 아무것도 알지 못하며 위험할 만큼 순진한 청소년과 같다.

인류 문명을 건설하도록 만들어진 세상 종교들은 인류가 큰공동체에 대비하도록 설계되지 않았다. 큰공동체에 대비하는 일은 현재 세상 종교들의 목적이나 역할이 아니다.

그러나 이제 인류는 진화 과정을 통해 이런 높은 문턱에까지 이르렀다. 인류는 자원이 감소하고 인구가 증가하는 세상에 살면서, 이제 큰공동체 삶을 접하는 현실을 직시하고, 이 삶을 접할 때 오는 어려움과 큰 기회를 직시해야 한다.

왜냐하면 두려움과 걱정, 또 회피와 부정을 넘어서면, 당신은 세상에 다가오는 변화의 큰물결, 그리고 우주 지적 생명체와 인류와의 만남, 이 둘이 가장 큰 일임을 알 수 있을 것이기 때문이다. 또한 이 둘은 인류가 마침내 협력하여, 지금까지 없었던 공정한 세계 질서, 세계 안정을 구축하도록 이끌 가장 큰 동기임을 알 수 있을 것이기 때문이다.

이 같은 안정은 강압 통치 아래에서는 이루어질 수 없으며, 그럴 경우 성공하지 못할 것이다. 이제 필요가 이 안정을 낳을 것이다. 왜냐하면 서로 경쟁하고 싸우는 국가들은 오히려 더 급속히 지구를 고갈시킬 뿐이기 때문이다. 기후가 변하고 환경이 변하고 있으니, 국가들이 생존하고 자국민을 부양하려면 서로 협력해야 할 것이다.

이것이 바로 단순하고 기본적인 수준에서의 삶이다. 그러나 실제 삶의 현실을 볼 수 없을 만큼 지나치게 탐닉에 빠져 오직 자신의 욕망·두려움·환상·창작물만을 생각하는 현대인에게는 이런 삶이 잊혀졌다.

당신이 환경을 훼손하면, 환경은 당신을 해치고, 당신에게 불리하게 돌아갈 것이다. 인류가 계속 서로 싸우면, 전쟁은 영구적이 되고, 과거 불만은 부활하며, 새로운 불만은 굳게 자리잡을 것이다.

세상은 새 계시가 필요하다. 왜냐하면 기독교가 세상을 구할 수 없고, 이슬람교가 세상을 구할 수 없기 때문이다. 또한 불교나 힌두교가 세상을 구할 수 없으며, 유대교 역시 결코 세상을 구하도록 설계되지 않았기 때문이다.

이제 세계 공동체는 서로 크게 의존하고 있으며, 내적 붕괴와 외적 경쟁이나 개입 등 이 모든 것에 매우 취약하고 연약하므로, 인류가 성숙해져야 할 때이고, 마음을 바꾸어야 할 때이며, 모든 국가의 사람들이 이 상황의 현실을 청산할 때이고, 변화의 큰물결이 안정된 지구에 얼마나 크게 영향을 주고 훼손할 수 있는지 이해해야 할 때이다.

지금은 신이 다시 말할 때이다. 이것을 인식하는 사람은 거의 없지만, 신은 당연히 이것을 알고 있다.

많은 사람이 자신들 종교의 초기 예언에 따라 미륵불이나 이맘, 예수가 다시 내려올 것을 기다리고 있다. 그러나 그들은 돌아오지 않을 것이다. 자신이 이런 신분이나 자격을 가졌다고 주장하는 이들은 영적으로 깨달은 이들도 아니며, 영적으로 권한을 부여받은 이들도 아니다. 그들은 인간의 어리석음과 기대를 이용하려고 큰공동체에서 온 이들이다.

신이 다시 말했다. 당신의 삶, 지역 사회, 가족, 국가 또는 국가들 사이, 이 모두에 신이 다시 말해야 할 필요성을 당신이 정직하게 인식할 수 있다면, 당신은 새 계시가 필요하다는 것, 또 지금 실제로 계시의 시대에 살고 있다는 것을 알 수 있을 것이다.

그러나 여기서 당신은 매우 명확해야 한다. 왜냐하면 신은 당신이 믿어야 할 초인적 영웅을 보내는 것이 아니며, 실패하면 벌을 받는다는 무시무시한 협박 아래 신봉해야 하는 많은 교리를 주는 것이 아니기 때문이다. 또한 당신에게 한 스승만을 믿으라고 요청하거나, 한 신학이나 한 철학만을 가지도록 요청하지 않기 때문이다.

그 대신에 신은 개개인에게 앎의 힘을 제공하여 그들이 앎의 힘으로 세상에 책임지고 봉사하게 한다. 신은 인류가 새로운 사상을 놓고 서로 싸우고 반대하도록 인류에게 그런 사상을 주는 것이 아니다. 신은 훨씬 더 근원적인 어떤 것, 큰 위험과 대격변을 눈앞에 둔 그런 세계 공동체에 실제로 줄 수밖에 없는 어떤 것을 줄 것이다.

이것은 훨씬 더 진보한 계시이다. 이 계시는 이제 단순한 이야기나 일화로 표현되지도, 훈계로 제시되지도 않았으며, 목가적 이미지로 그려지지도, 깨달음의 약속과 함께 신비한 정체성으로 표현되지도 않았다. 이 계시는 개개인들이 인식할 수 있도록, 또 자신뿐만 아니라 인류 문명 자체를 구하는 일에도 책임감을 갖도록 제공되었다.

사람들은 인류에게 다가오는 큰 위험을 보지 못할 것이므로 처음에는 이 계시를 이해하지 못할 것이다. 사람들은 삶이 어쩌면 이전보다 더 문제가 많고 더 어렵고 더 불확실할 수는 있어도 결국 이전처럼 돌아갈 것으로 생각한다. 그래서 지금 새로운 세상, 즉 알아차리지 못한 사이에 변해버린 세상, 자신이 자랐던 세상이나 부모나 조상들이 살았던 세상과는 다른 모습으로 변할 세상에서 살고 있다는 것을 깨닫지 못한다. 내면에 있는 앎의 안내를 받지 않으면, 사람들은 어느 때보다 더 혼란스럽고 불확실한 이 세상에서 길을 잃을 것이다.

어느 시점에 이르면, 당신은 여기에서 달아날 수 없다. 당신은 부모나 문화, 조직, 정부에 비난과 적대감을 투사하면서, 환상 속에서 살거나 사실을 부정하며 살 수 없다.

이제 청산이 있어야 한다. 개개인들에게 이 청산이 빨리 있으면 있을수록, 그들은 자신의 삶을 하루라도 더 빨리 조사하기 시작할 것이다.

하지만 인류를 인도하는 것은 당신의 결정에 영향을 주어 결심하게 하는 것이다. 당신이 국가 지도자이든, 아니면 시 외곽에 사는 가난한 사람이든, 인류를 인도하는 것은 당신의 결정에 영향을 주는 것이며, 당신과 다른 사람들 내면에서 당신이 보고 들을 수 있는 것이다. 그리고 이것이 변화의 큰 물결 앞에서 당신이 선택하는 일에 지대한 영향을 줄 것이고, 당신 상황이 얼마나 어렵든, 그 상황에 당신이 어떤 지혜를 가져올 수 있는지 크게 달라지게 할 것이다.

신은 인류가 필요하다는 것조차 모르는 어떤 것—유일한 핵심 요소이자 빠진 부분, 오직 신만이 제공할 수 있는 부분, 오직 신만이 제공할 수 있는 힘과 통찰력—을 인류에게 주고 있다.

이것이 없으면, 기술이 당신을 구하지 못할 것이고, 창의성이 당신을 구하지 못할 것이다. 또한 행운이 당신을 구하지 못할 것이고, 부정과 회피가 당신을 구하지 못할 것이며, 취미나 오락에 빠지는 것으로도 당신을 구하지 못할 것이다. 그래서 신이 다시 말했다.

메시지는 정직하다. 너무 정직해서 사람들이 피하려 할 것이고, 처음 받아들이는 사람들이 혼란스러워 할 것이다. 메시지는 당신에게 정말 정직할 것을 요청하므로 참으로 정직하다.

메시지는 당신에게 신이 당신 안에 창조한 것으로 존재할 것을 요청하며, 당신이 세상에서 살면서 생긴 당신의 일부를 관리할 것을 요청한다. 대단히 큰 요구이지만, 당신이 쇠퇴하는 세상을 직시할 수 있으려면, 또 어린애처럼 굴거나 바보처럼 행동하면 다치고 약해지게 되는 큰공동체의 현실을 직시할 수 있으려면, 당연히 받아야 하는 요구이다.

세상은 변했다. 신의 위대한 계시들은 이제 다음 단계를 표현해야 한다. 이 말은 그 계시들을 교체해야 한다는 뜻이 아니라, 더 높이 끌어올리고 정화하고 서로 화합할 수 있도록 해야 한다는 뜻이다. 그 계시들은 모두 앎으로 가는 길이며, 이것이 그 계시들의 진정한 본질이다.

그러나 그 계시들은 정부나 개인, 단체에 의해 다른 것으로 바뀌었으며, 힘을 추구하고 우위를 점하려 하는 국가들에 의해 왜곡되었다. 또한 계시의 본질적 중요성과 목적을 알아보기 어려울 만큼 문화나 관습, 그 지역의 인지 방식 등과 뒤섞였다.

이 계시는 사람들을 영성의 본질로 되돌아가게 하기 위한 것이다. 즉, 사람들이 단체나 국가를 통해 일하는 것으로, 또 자유·용서·자각·소통·일·노력·책임 등을 지지하는 것으로 영성의 본질, 즉 개개인 내면에 있는 앎의 힘과 현존, 신이 각 개인에게 준 위대한 지성인 앎의 힘과 현존으로 되돌아가게 하기 위한 것이다.

이 계시는 이제 단순히 선택사항이 아니다. 왜냐하면 다가오는 세상은 훨씬 더 어렵고 힘들 것이기 때문이다. 당신이 내려야 할 결정들은 당신이나 다른 사람들에게 매우 중요할 것이다.

당신은 변화의 큰물결을 눈앞에 두고 빈둥거려서는 안 된다. 당신은 지금 큰공동체 문턱 앞에 서 있다. 오직 신만이 이 두 개의 큰 현실에 당신을 준비시킬 수 있다. 그리고 신은 이것을 준비할 수 있는 필수 요소들을 당신에게 주고 있다.

신은 세상에 필요한 것을 주지만, 사람들은 그것을 볼 수 없다. 사람들은 용맹한 지도자를 원하며, 군사력을 원한다. 사람들은 예수가 아니라 바라바를 원하며, 하늘의 주인이 아니라 땅의 주인을 원한다. 사람들은 물질적인 힘을 원하고, 물질적인 해결책을 원한다. 사람들은 자신을 위해 누군가가 문제를 해결해주기를 바란다. 그리고 책임이라는 선물을 받아들이기보다는 통제권을 넘겨주기를 원한다.

새 메시지의 기적은 모든 계시의 기적이다. 새 메시지의 기적은 개인을 위한 계시의 기적이고, 개인적인 구원의 기적이며, 사회와 타인에 대한 개인 각자의 책임과 공헌의 기적이다. 또한 베풂의 기적이고, 용서의 기적이다. 새 메시지의 기적은 이성의 영역을 넘어서는 깊은 수준에서 다른 사람과 공명하는 기적이고, 어렵고 일시적인 세상에서 메시지 자체를 표현하는 참된 현실의 기적이다.

당신의 결정에 영향을 주는 것이 결과를 확정 짓는 데 지대한 영향을 줄 것이다. 신은 당신을 인도하기 위해 음성과 양심을 당신에게 주었지만, 그것은 당신의 음성이나 당신의 양심이 아니다. 그것은 큰 음성, 큰 양심의 일부분이다.

신은 날씨를 통제하거나 세상을 다스리지 않는다. 신은 재난·재앙·태풍·지진·홍수 등을 일으키지 않는다. 이러한 것은 단지 자연의 일이다.

신은 어렵고 예측하기 힘든 세상—물론 그 자체로는 아름답지만—에 당신을 파견하였다. 그래서 당신이 앎의 힘을 회복하여, 이 앎의 힘으로 당신의 공헌이 가장 강한 영향을 줄 수 있는 데서 특정한 방법으로 베풀게 되어 있는 것을 베풀도록 안내받게 하였다.

물론 이 모든 것은 인간의 이성을 초월한다. 왜냐하면 물질 우주만으로도 그 온전한 상태와 완전한 의미를 이해한 종족이 지금까지 아무도 없을 만큼 광활한데, 그런 물질 우주 영역을 훨씬 넘어서까지 포함하는 창조 활동과 하늘의 일은 당신이 결코 이해하지 못할 것이기 때문이다.

여기서 현실적인 것과 신비한 것이 결합한다. 여기서 내적인 것과 외적인 것이 그 근본에서 연결된다. 여기서 이성의 놀라운 능력이 현명하게 사용되고 적용될 수 있도록 마음이 큰 지성의 지배를 받는다. 여기서 사람들은 자신의 일에 질서와 균형을 맞추는 것만 책임지는 것이 아니라, 자신의 선물이 베풀어지는 곳이 어디든 인간가족을 돕기 위해 자신이 해야 하는 일을 아는 것에도 책임진다.

당신은 앞으로 세상을 매우 동정적으로 바라보아야 할 것이다. 실패와 상실을 많이 보게 될 것이다. 어리석음이 극심해지고, 심지어 인간들의 탐닉 행위도 더욱 극성을 부릴 것이다.

당신은 세상을 용서하고, 자비심으로 바라보아야 할 것이다. 당신은 세상에서 완전히 분리될 수 없다. 왜냐하면 당신은 세상에 연결되어 있고, 세상에 봉사하기 위해 파견되었으며, 당신의 목적과 운명은 세상과 관련되어 있기 때문이다.

목표는 내적 평화가 아니다. 목표는 공헌이다. 가장 훌륭한 성자들도 이것을 인식하고, 그들이 할 수 있는 곳이면 어디에서든 가르치고 설교하고 공헌하기 위해 세상에 파견되어야 했다.

세상에서 당신의 성취는, 심지어 영적 성취까지도, 모두 봉사하고 주위 사람들의 짐을 덜어주는 데 쓰이도록 되어 있다. 믿음·상징·이미지·인물 등 어떠한 것이든 사람들을 가장 고무시킬 만한 것을 이용하여, 그들의 근원이자 신과의 연결인 앎의 힘과 현존으로 돌아오도록 사람들에게 힘을 북돋아주는 데 쓰이도록 되어 있다.

본질적이고 중요한 것은 추구하는 일이며, 당신이 두 마음, 즉 세상 마음과 앎이라는 깊은 마음을 가지고 산다는 것을 인식하는 일이다.

이것은 모두에게 해당된다. 단순히 한 종족이나 한 그룹, 역사의 한 시대에만 해당되는 것도 아니고, 지구상 인류 출현을 다룬 서사시에 있는 거창한 한 부분을 충족시켜주기 위해 있는 것도 아니다.

신이 다시 말했다. 이번에는 큰 것들—범상치 않는 것들, 지극히 평범하지만 중요한 것들—을 말했다. 신은 큰공동체, 변화의 큰물결, 당신 내적 실체의 의미를 말했으며, 앎의 회복을 위한 본질적인 추구에 관해 말했다. 앎은 세상에서 당신을 안내하고, 보호하고, 삶의 큰 성취로 이끌기 위해 있다.

이것은 한 개인에게 획기적인 발전이다. 인류의 운명과 미래를 결정하는 데 가장 큰 영향을 주는 것은 바로 개인들일 것이다.

개인들의 결정에 영향을 주는 것이 어떤 것이냐에 따라, 즉 그것이 그들의 야심이나 믿음, 두려움, 자만심, 기존 이해 등인지, 아니면 앎만이 제공할 수 있는 큰 영감인지에 따라, 모든 상황에서 그 결과가 판가름 날 것이다.

신이 다시 말했다. 이것을 알아보려면, 당신은 계시에 다가가야 한다. 멀리 떨어져 계시를 판단하려 하거나 이해하려 하는 어리석음을 범하지 말라. 왜냐하면 당신은 계시를 이해할 수 없기 때문이다. 계시를 판단하는 것은 단순히 당신의 어리석음과 부정직을 드러내는 것일 뿐이다.

지금은 계시가 있는 중요한 시기이며, 미래를 준비해야 하는 중요한 시기이다. 지금은 당신 삶에 균형과 조화가 필요한 중요한 시기이며, 새로운 세상에서 살기 위해 준비해야 하는 시기이다. 새로운 세상은 힘든 세상이기는 하지만, 인류가 신이 제공한 것을 따르겠다고 선택하면 구원받는 세상도 된다.

제 5 장

예언의 봉인

2014년 5월 21일
미국 콜로라도 보울더에서
마샬 비안 서머즈에게
계시되었다

우리가 지금 예언의 봉인을 이야기하는 것은 매우 중요하다. 왜냐하면 예언의 봉인이 진실로 무엇을 의미하는지, 또 인류의 성장과 진화에 중요한 전환점인 특정 시점에만 전해지는 신의 큰 계시들을 보호하는 것이 왜 그처럼 중요한지, 세상 사람들이 이해해야 하기 때문이다.

큰 계시는 세상에 매우 중요하다. 큰 계시는 인류 문명의 기본 요소들을 제공한다.

이제 신이 인류 문명을 보호하기 위해 다시 말했다. 인류 문명은 지금 내적으로 분열과 붕괴의 위험에 처해 있고, 인류의 갈등과 무지를 이용하고자 하는 우주 세력들에게 예속되는 위험에 처해 있다.

이 문턱은 오래전에 도래할 것으로 예상되었고 운명 지어졌다. 당연히 완벽한 문명은 아니지만 그래도 어쨌든 인류가 세계 문명이라고 할 수 있는 것을 구축하기 시작하는 시점에 이 문턱은 도래하게 되어 있었다.

이 문턱은 어떤 조건이 맞을 때, 나타나게 되어 있었다. 환경 쇠퇴와 파괴로 인하여, 그리고 인구증가로 세상에 더 이상 충분히 공급해줄 수 없을 만큼 지구가 약탈당하는 것으로 인하여, 인류 문명 자체가 위험에 빠지는 수준까지 인류의 취약성이 커질 때, 나타나게 되어 있었다.

이 문턱은 우주에 대한 인류의 취약성이 임계점에 이르는 시점까지 기다렸다. 왜냐하면 지구는 어떤 종족들이 그들 자신의 목적과 계획을 달성하기 위해 오랫동안 관찰되었기 때문이다.

신은 물론 이것을 안다. 왜냐하면 이것은 한 종족의 출현에 기원이 되는 행성이든, 외부 방문자들이 개척한 행성이든, 모든 행성이 진화하는 과정이기 때문이다. 이 시점은 예측할 수 있으며, 결국 언젠가는 일어날 것이다. 이 시점이 지금 인류에게 도달했다.

신은 봉인으로 큰 계시들을 보호한다. 봉인이란 우주의 주인이 다음의 큰 계시를 전하라고 지시할 때까지 천사의 회중이 전하지 않을 것임을 의미한다. 이것이 계시의 봉인이며, 계시가 잘못 사용되거나 표절되는 것을 막기 위한 것이다. 또 세상에 큰 계시가 내려온 후에 불가피하게 발생하는 일, 즉 자신이 신의 메신저나 사자라고 주장하는 이들을 막기 위한 것이다.

지구인은 이 봉인이 존재한다는 것을 모를 것이다. 이 봉인은 사람들이 만질 수 있는 그런 것이 아니며, 지구인의 헌법에 적힌 것이 아니다. 또한 널리 이해되거나 받아들여질 수 있는 것도 아니다.

그러나 이 세상을 감독하는 천사들의 현존, 즉 회중 사이에서는 이 봉인이 아주 분명한 칙령이며, 꼭 있어야 한다. 그렇지 않으면 큰 계시들이 알아볼 수 없을 정도로 오염될 수 있다. 또한 세월이 지나면서 인간들의 무지와 부패, 잘못된 적용에 영향 받아 변형될 것이다. 하지만 하늘에 있는 봉인은 완벽하다.

그러나 어느 시점이 되면, 새 계시가 전해져야 하므로 신은 이 봉인을 해제할 것이다. 왜냐하면 과거에 전해진 큰 가르침들은 인간가족 전체에 진정으로 필요한 것들을 충족시켜 주기에는 불충분하기 때문이다.

큰 계시들 사이의 간격은 대부분 매우 길다. 왜냐하면 큰 계시들은 오랜 기간의 미래 시대에 인류에게 필요한 것들을 충족시켜 주기에 충분하기 때문이다.

그러나 지금은 신이 다시 말한 큰 문턱, 즉 인류가 무지하고 준비되지 않은 큰 문턱, 옛날에 전해진 큰 계시들이 다룰 수 없는 큰 문턱에 도달했다. 과거 계시들은 이 문턱을 위해 설계되지 않았으며, 이 목적으로 전해지지 않았다. 그 계시들은 인류 문명을 건설하여 결국 세계 문명을 이룩하는 데 중대한 영향을 미쳤다.

그러나 현재의 인류 문명은 이제 지구의 내부와 외부 양쪽에서 위협받고 있으며, 신이 다시 말한 상황이 될 정도로 심각하게 위협받고 있다. 왜냐하면 실패할 가능성이 너무 높고, 위험이 너무 크며, 인간의 무지가 너무 깊기 때문이다.

과거에 전해진 큰 계시들조차 서로 간에는 물론, 그들 내부에서마저 분열되어 싸우고 있다. 과거 계시들은 우주 큰공동체 삶에 대비하여 인류를 준비시킬 수 없다. 또한 환경이 쇠퇴하는 세상, 즉 어느 행성 어느 문명에서도 일어날 수 있는 가장 큰 변화에 대비하여 인류를 준비시킬 수 없다. 과거 계시들은 이 목적으로 설계되지 않았다.

신은 물론 이것을 알지만, 인류는 알지 못한다. 인류는 수평선 너머에서 무엇이 오는지 깨닫지 못하며, 주변 우주 삶의 관점에서 자신의 상황을 이해하지 못한다. 또한 이 세상의 자연 유산을 얼마나 많이 착취하고 과용했는지 알 만큼 지구 상태를 충분히 알지 못하며, 시간이 흐르면서 자멸과 붕괴로 가는 무모한 길을 걷고 있다.

지구 자체에 다가올 큰 변화들은 인류가 준비하지 않으면, 인류 문명을 몰락시키기에 충분하다.

그래서 봉인이 해제되었다. 왜냐하면 새 계시가 전해져야 하기 때문이다. 예수 다음으로 모하메드에게 지구에서의 큰 사명이 주어졌을 때에도 봉인은 해제되었다. 봉인은 이제 세상을 위한 신의 새 계시를 전하기 위해 다시 해제되었다.

여기서 당신은 위대한 메신저들은 모두 천사의 회중에서 왔다는 것을 알아야 한다. 그들은 큰 사명을 띠고 세상에 파견되었으며, 큰 전환점과 기회의 시기에 세상에 파견되었다는 것을 알아야 한다. 메신저들은 모두 회중에서 왔으며, 모두 같은 곳에서 왔다. 그들은 신의 아들이 아니며, 우주의 중심이 아니다.

그들은 이 세상을 감독하는 회중에서 왔다. 지구는 우주에서 대단히 중요하다. 왜냐하면 인류에게는 영적 의식이 여전히 살아 있기 때문이다. 비록 인류가 많은 실수를 범했고, 인류 자체나 세상에 가져온 큰 갈등과 불운의 비극적인 역사가 있음에도 불구하고, 지구는 여전히 큰 가능성과 중요성을 띠고 있다.

신은 이 시대의 선언서가 완성되면, 새로운 봉인을 만들 것이고, 그 봉인은 몇백 년 지속될 것이다.

사람들은 여전히 신의 메시지를 받았다고 주장하거나 예언자나 구세주라고 주장하겠지만, 천사의 회중은 이것이 사실이고 진짜가 되는 데 필요한 것을 그들에게 주지 않을 것이다. 하늘은 이런 식으로 큰 계시들을 보호하기 위해 할 수 있는 일을 한다. 큰 계시들은 인간이 잘못 사용하고 잘못 이해하기 매우 쉽기 때문이다.

이 큰 전환점에 세상을 위한 신의 새 계시는 지금까지 세상에 전해진 것 가운데 가장 포괄적이다. 이 계시는 이제 문맹에서 벗어난 세상, 국제 무역과 통신이 가능한 세상, 지구적 위험이 도사리고 있는 세상에 전해지고 있다. 또한 미래에 잘못 해석하고 적용할 가능성을 제한하기 위해 그 자체 내에 해설을 포함하여 전해지며, 사람들이 자신이 받아들이고 있는 것이 무엇인지, 계시가 왜 이 시대에 전해져야 하는지 진실로 이해하는 가장 큰 기회를 주기 위해 다양한 방식으로 말하며 여러 번 반복해서 전해지고 있다.

세상을 위한 신의 새 계시는 경고와 축복과 큰 준비를 담고 있다. 이 준비가 없다면, 당신은 경고에 응답할 수 없을 것이다. 이 경고가 없다면, 당신은 준비의 중요성을 이해할 수 없을 것이다. 그리고 이 축복이 없다면, 당신은 용기와 결단력을 갖기 위해 자신 내면에서나 다른 사람들과의 사이에서 방향을 어디에서 바꾸어야 할지 알지도 못하고 그럴 힘도 없을 것이다. 당신은 이 용기와 결단력을 통해 세상을 위해 행해져야 할 것을 할 수 있고, 이곳에서 당신 목적의 진정한 의미를 이해할 수 있으며, 이 큰 전환점에 당신이 왜 왔는지 이해할 수 있을 것이다.

이 계시는 선택받은 소수에게 주는 선물이 아니며, 당신들 가운데 가장 부유층이나 가장 특권층에 주는 선물도 아니다. 이 계시는 전 세계에 전하며, 인간이 겪는 거의 모든 분야를 다루면서 가장 단순한 용어로, 가능한 한 가장 명백한 방식으로 큰 힘을 가지고 전한다. 그리하여 인류가 세상을 회복하고 큰공동체 삶에 대비할 수 있도록 이 큰 기회를 인류에게 주기 위해 전한다. 왜냐하면 인류는 큰공동체 삶에 대응하는 법을 배워야 하기 때문이다.

이 계시가 당신에게 필요한 것과 무관하다고 생각하지 말라. 왜냐하면 이 세상은 당신이 봉사하기 위해 온 곳이기 때문이다. 이 큰 두 사건이 온갖 방식으로 모든 일을 결정할 것이다. 즉, 당신이 어떤 삶을 살아갈 수 있을 것인지, 무엇이 당신 삶을 제약할 것인지, 무엇이 당신에게서 당신의 큰 힘을 끌어내고 당신의 표면 마음 저 아래에 숨겨져 있는 당신의 큰 목적을 끌어낼 것인지, 결정할 것이다. 이 계시가 당신과 무관하다고 생각하지 말라. 왜냐하면 당신은 이 계시를 위해 세상에 파견되었기 때문이다.

지구 안에서 일어나는 일, 또 지구와 관련하여 지구 밖에서 일어나는 일이 현재 생존한 모든 사람은 물론 당신의 자녀들, 후세대의 운명과 미래를 결정할 것이다. 이 계시가 그 만큼 강력한 것이며, 그 만큼 긴요한 것이다.

신의 새 메시지는 종교에 대한 당신의 이해를 바꿀 것이며, 그 이해에 명료성을 가져다줄 것이다. 이 계시는 모든 종교가 단합하도록 해줄 것이며, 인간의 행동과 이해에 진정한 도덕적·윤리적 기반을 제공하기 위해 모든 종교가 어떻게 서로를 기반으로 했는지 밝혀줄 것이다.

그러나 당신은 이제 다른 세상에서 살고 있으며, 미래에는 매우 다른 세상에 직면할 것이다. 자원이 감소하고 기후가 불안정한 세상, 부유하든 가난하든 세상 구석구석까지 모든 이의 삶에 영향을 미칠 세상에 직면할 것이다.

필요한 것이 대단히 많고, 위험성이 대단히 크다. 그 힘과 영향력 또한 대단히 막강하여 신이 다시 말했고, 세상에 새로운 메신저를 파견하였다. 그는 천사의 회중에서 파견되었으며, 과거에 파견된 이들과 같은 곳에 속해 있다. 과거에 파견된 이들은 그와 함께 있다. 왜냐하면 그는 이 시기, 이 시대의 메신저이고, 상당히 긴 시간 동안 미래 시대의 메신저이기 때문이다.

봉인은 그와 함께 있을 것이고, 땅에 있는 그의 현존에 응답할 수 있는 사람들을 보기 위해 하늘은 지켜볼 것이다. 왜냐하면 그는 이제 노인이고, 긴 시간 이것을 가르치지 못할 것이기 때문이다.

그는 지금까지 인류에게 전해진 그 어떤 것보다 더 광범위하고 완전한 계시를 받는 데 그의 생을 보냈다.

이 계시는 우주 삶의 의미를 드러낼 것이다. 또한 당신 삶 저편에서, 지구 저편에서 무엇이 다가오는지 드러낼 것이며, 더 높은 수준, 앎이라고 불리는 수준에서 인류 영성의 진정한 본질을 드러낼 것이다. 이 계시는 인류가 이곳 지구에서 진정한 협동을 창출해내고, 끊임없는 충돌과 엄청난 지구 약탈을 종식하기 위해 무엇을 배워야 하는지 드러낼 것이다. 왜냐하면 이 지구가 인류를 부양할 수 있는 유일한 곳이기 때문이다.

이 태양계 밖을 벗어나면, 주변 우주에서 인류가 정복하거나 탐사할 수 있는 곳은 없을 것이다. 인류가 아무것도 모르는 그곳에는 큰 위험이 도사리고 있다. 인류는 여전히 원시인의 눈, 무지하고 기대에 찬 눈으로 우주를 바라보고 있다. 인류는 우주 큰공동체의 삶에서 무엇을 다루게 될 것인지 모른다.

그래서 신은 이제 이러한 것을 제공해야 한다. 적어도, 인류가 단순히 이 순간의 편의만을 위해 행동하기보다는 지혜와 관심을 가지고 미래를 위해 준비하고 행동할 수 있을 만큼 충분히 제공해야 한다.

이것은 당신의 본질과 깊이 연관되어 있다. 즉 당신의 깊은 본성, 당신이 지금과 같은 사람인 이유, 지금과 같은 방식으로 설계된 이유와 깊이 연관되어 있다. 그 설계는 당신이 아직 실제로 발견하지 못한 큰 목적을 위한 것임을 깨닫고 나서야 이해할 수 있는 어떤 것이다.

당신은 예언의 봉인이 해제되었음을 받아들여야 한다. 사람이나 종교에 의해서가 아니라, 신에 의해 해제되었음을 받아들여야 한다. 신은 이 세상을 감독하고 인간가족의 진보와 진화를 지켜보는 천사의 현존인 회중을 통해 세상과 소통한다.

봉인의 해제를 받아들임으로써 종교에 관한 의문, 당신 삶의 의미, 인류의 운명, 다가오는 큰 도전 등이 대단히 명료해질 것이다. 왜냐하면 인류는 이 시기에 이 도전에 대비해야 하기 때문이다.

이 도전에 위축되지 말라. 집착의 어둠 속에 빠지지 말라. 절망하지 말라. 왜냐하면 신은 당신이 응답하고 준비할 수 있도록, 또 더 큰 세계를 직시하고 더 큰 삶을 체험할 수 있도록 당신 내면에 큰 힘을 주었기 때문이다.

당신은 이것이 무엇을 의미하는지 아직 이해할 수 없지만, 때가 되면 대낮처럼 명백해질 것이다. 왜냐하면 신은 당신에게 볼 수 있는 눈과 들을 수 있는 귀를 주었기 때문이다. 그러나 그 눈과 귀는 당신이 지금 보는 눈이나 지금 듣는 귀가 아니다. 하지만 그 눈과 귀는 당신 내면 깊은 곳에 여전히 있다.

이처럼 보고 들을 줄 아는 것이 당신 삶의 진정한 힘이며, 인간가족의 진정한 힘이다. 그리고 바로 이것이 지구에서의 당신 삶에, 그리고 인간의 미래와 운명에 어떤 결과를 가져올지 모든 것을 결정할 것이다.

세상을 위한 신의 새 계시만이 지금 당신에게 이런 것들을 모두 드러내 보여줄 수 있다. 새 계시가 없다면, 인류는 문명이라고 말할 수 있을 만한 것을 유지할 수 없을 만큼 심각하게 지구를 고갈시키면서 엄청난 속도로 삶에서 계속 몰락할 것이다. 인류는 우주에서 우위를 차지하는 세력들에게 먹잇감이 될 것이며, 인류가 창출해낸 가치 있는 모든 것이 상실될 것이다.

오직 세상을 위한 신의 새 계시만이 왜곡하는 일 없이, 또 관련된 어떤 외계 종족의 이해관계에도 얽히는 일 없이, 어떤 조작이나 기만 없이 이것을 당신에게 명백하게 드러내 보여줄 수 있다.

당신 가슴에서는 응답할 것이다. 왜냐하면 깊은 수준에서는 당신은 여전히 신과 연결되어 있기 때문이다. 당신이 종교적이든 아니든, 당신에게 종교가 있든 없든, 당신은 여전히 연결되어 있다. 그리고 이것이 당신 미래에 복원이 일어나는 약속이고, 당신의 큰 힘이 나오는 곳이며, 전에 당신에게 무슨 일이 일어났던 그 일에 대한 가장 훌륭한 해결책이다.

예언의 봉인은 신에 의해 다시 해제되었다. 이 봉인은 인류가 어떤 지점에 도달하기만 하면, 즉 인간가족 전체가 지금까지 한 번도 보지 못한 도전, 쇠퇴하는 세상과 주변 우주의 현실에 직면하는 큰 전환점에 도달하기만 하면 해제되게 되어 있었다.

과거 모든 큰 종교들은 세대를 걸쳐가며 개인이나 정부들이 그들 자신의 목적을 위해 바꾸고 취사선택하고 이용했는데, 신은 이제 그 종교들이 실제로 무엇을 말했는지 이해할 수 있도록 명료하게 밝혀놓았다.

그 종교들의 진실을 이해함으로써 당신은 모든 위대한 메신저들을 존경하며, 그들이 지구에서 띤 사명을 밝은 빛 속에서 더욱 완벽하게 이해한다. 왜냐하면 세상의 큰 종교들은 모두 신에 의해 창시되었고 모두 인간에 의해 변질되었으니, 그 종교들 사이에 아무런 논쟁이나 경쟁이 없는 것이 옳기 때문이다.

봉인은 해제되었지만, 신의 새 계시가 완성되고 메신저가 그의 생전에 새 계시를 세상에 내놓을 시간을 갖기만 하면, 다시 봉인될 것이다. 계시가 진실로 진본이 되려면, 메신저의 작업은 지금 진행되어야 한다. 메신저를 알지 못하는 이들에 의해 나중에 구성되어서는 안 된다.

이 세상에 지금까지 전해진 것 가운데 가장 광범위한 계시를 받는 것은 그의 큰 과업이었다. 또한 이 계시를 편집하고 그 정확도를 확인하는 일, 계시를 가르칠 수 있도록 계시에서 배우는 일, 그가 이곳 세상에서 인간으로 있는 동안 계시를 완전하게 이해하는 일, 인류에게 전해진 과거 계시들이 풀지 못하는 딜레마를 풀면서 그의 생애 안에 이 계시가 순수한 형태로 전달될 수 있도록 이 큰 작업에 자신을 도울 수 있는 용감한 사람들을 모으는 일들이 그의 큰 과업이었다.

계시의 축복은 당신에게 와 있고, 세상에 와 있다. 하지만 긴급함, 절박한 필요성과 함께 왔다. 축복은 당신이 부자가 되려고 이용하거나 잠깐 재미로 맛보는 그런 것이 아니다. 당신은 축복이 당신 자신이나 세상을 위해 진실로 무엇을 의미하는지 알아보려면, 존경심과 진지함, 자발성을 가지고 접근해야 한다.

계시의 축복은 모든 종교, 모든 국가, 모든 문화에 속한 사람들에게 말해야 한다.

메신저가 받아들이고 준비하여 세상에 전하기 위해 설립한 것이 아니면, 이 축복은 기존 종교 단체에 소속된 그 어떤 것에도 자유로워야 한다.

메신저는 당신의 도움이 필요할 것이다. 하지만 당신은 계시의 축복에서 배워야 하고, 이해하기 위해 축복을 당신 삶에 적용해야 한다. 축복과 떨어져서 축복을 이해할 수 없다. 왜냐하면 이 세상의 안녕과 보호를 위해 하늘에서 태어난 큰 계시에는 그렇게 하는 것이 불가능하기 때문이다.

메신저가 지구상에 살아있는 동안, 메신저와 그를 돕는 이들에게 축복이 있기를 빈다. 용기 있고 겸손한 사람, 축복을 이해해야 할 큰 필요성을 느끼는 사람들이 자신의 삶과 지구의 미래를 위해 축복이 가장 중요한 것임을 알아볼 수 있도록 때맞추어 이 축복을 받아들이기를 빈다.

제 6 장

메신저의 사명

2010년 4월 10일
미국 콜로라도 보울더에서
마샬 비안 서머즈에게
계시되었다

신은 세상에 새 계시를 보냈으며, 이 계시는 천 년이 넘는 세월 동안 전해진 어떤 것과도 같지 않다.

한 메신저가 세상에 파견되었다. 이 메신저는 얼마간 평범한 생활을 했고, 겸손한 사람이며, 이 역할을 맡기 위해 매우 오랜 준비를 거쳤다.

다른 사람들도 신의 메신저가 되려고 메신저라는 칭호를 쓸 수 있겠지만, 세상에 파견된 사람은 오직 한 사람뿐이다. 사람들이 다른 주장을 할지라도, 하늘은 당연히 이 사실을 안다.

사람들은 메신저를 두려워한다. 메신저가 자신에게 무엇을 의미하는지 두려워하고, 자신의 생각을 바꾸지나 않을까, 또는 어떤 큰 봉사를 하게 하거나 어떤 단체로 불러들이지나 않을까 두려워한다.

많은 사람이 순전히 이런 이유만으로 신의 새 계시를 거부할 것이다. 왜냐하면 그들은 세상에 인간의 역사와 운명을 바꿀 수 있는 새 계시가 있다는 것이 두렵고, 제도화되어 아주 잘 자리잡은 많은 지배적 관념과 믿음에 도전이 될 새 계시가 있다는 것이 두렵기 때문이다.

그러나 모든 생명의 창조주는 이런 관념이나 믿음에 구속받지 않으며, 지구 안에서나 우주 큰공동체 안에서 인류의 안녕·미래·운명을 위한 긴요한 메시지와 계시를 제공할 뿐이다.

신의 새 계시는 이전에 세상에 전해진 어떤 계시보다 더 광범위하고 포괄적이며, 상세하다. 새 계시는 인간가족이 문맹에서 벗어나 국제 통신으로 세계 문명과 경제에 참여하고 있는 때에 전해지고 있다. 이전 계시들은 모두 자연조건 때문에 매우 지역적이었고, 긴 기간에 걸쳐, 많은 불화·투쟁·폭력을 통해서만 전파되었지만, 지금은 그런 이전 계시들과는 매우 다른 환경이다.

지적 생명체로 가득 찬, 비인간의 우주, 그래서 이제 그들과 겨루는 법을 배워야 하는 우주, 인류는 이런 우주로 들어가는 문턱 앞에 서 있다.

또한 인류는 수천 년 동안 보았던 것과는 전혀 다른 세상, 자원이 고갈되고 환경이 불안정한 세상에 살고 있다. 지구 자체 역사를 제외한다면, 인류 역사마저도 이것이 무엇을 의미하는지 말해줄 수 없다.

새 계시는 그 안에 설명까지 되어 있다. 단순히 이전의 경우처럼 인간의 해석에만 맡겨놓은 신비한 가르침이 아니다.

이 계시는 개인의 삶과 인류의 삶에 대해 거의 모든 면을 현재와 미래 양쪽 모두에서 빠진 것 없이 포괄적으로 다루고 있다.

그럼에도 역사 속의 다른 모든 계시처럼, 새 계시도 인류의 현재 관심사보다 훨씬 더 큰 것을 말한다. 즉, 인류가 쇠퇴하는 세상에서 통합을 선택할 것이냐, 아니면 남은 자원을 놓고 서로 차지하기 위해서 싸울 것이냐에 따라 완전히 달라지는 것들을 말한다.

새 계시는 인류가 큰공동체와의 접촉을 준비할 수 있느냐 없느냐에 지대한 영향을 줄 것이다. 인류의 약점과 갈등, 기대 등을 이용하려고 지구에 와 있는 종족들이 세상에 지금 개입하고 있으므로, 큰공동체와의 접촉은 이미 일어나고 있다.

메신저에게, 또 메신저가 준비하고 선언하는 일에 그를 돕도록 부름 받은 소수 사람에게 이 큰 메시지는 엄청난 준비를 요구했다.

메신저는 모든 질문에 답하거나 모든 요구에 해결책을 주려고 세상에 온 것이 아니다. 그의 메시지는 개개인의 내면에 있는 혼에 필요한 것, 즉 삶의 원천과 재결합할 필요성, 그리고 앎으로 불리는 깊은 지성의 현존을 통해 신이 모든 사람에게 준 힘을 얻을 필요성에 대해 말한다.

메신저는 세상 문제를 가지고 토론하려고 온 것도 아니며, 다른 집단·국가·부족들의 야망을 가지고 논쟁하려고 세상에 온 것도 아니다. 메신저는 계시와 복원의 메시지를 전 세계 사람들에게 전해주려고 세상에 왔다. 이 메시지는 사람들이 어느 문화권에 속해 있느냐, 혹시 종교가 있다면 어느 종교에 소속되어 있느냐에 상관하지 않는다.

이 메시지는 국가나 문화, 종교이념을 초월하며, 이러한 것들에 대한 논란 또한 초월한다. 왜냐하면 이것은 과거와는 전혀 다른 현실과 미래를 대비하여 지구 전체의 복원과 준비를 위해 신이 보낸 새 메시지이기 때문이다.

신만이 이러한 것을 제공할 수 있다. 왜냐하면 지금 이 순간에도 세상 종교들은 서로 분열되어 있으며, 심지어 같은 종교 안에서조차 내분에 시달리고 있기 때문이다. 세상 종교들은 서로 논쟁하고 싸우므로, 커져 가는 지구의 큰 문제들, 준비하지 않으면 미래에 인류를 엄습할 이 문제들을 적절히 다룰 수 없다.

이제 어느 종교가 최고인지, 어느 창시자가 가장 놀랄만한지 논쟁하는 것은 오로지 인류를 해칠 뿐이다. 그런 논쟁은 배타적이고 분열을 초래하며, 인간가족을 더욱더 곤경에 빠뜨리고 와해시킨다.

신은 어리석지 않다. 그리고 계시를 가져오도록 선택된 이가 여기에 꼭 들어맞는 사람이다. 그는 시험을 통과했다. 그는 긴 준비과정에서 그와 그의 가족에게 요구되는 모든 일에서 낙오하지 않았다.

사람들은 새 계시에 저항하고 분개할 것이며, 온갖 방식으로 메신저를 비난하겠지만, 그가 바로 유일한 메신저이다. 그의 가치와 역할을 아는 데 실패는 보는 자의 실패이며, 신이 지금 세상에 보내는 큰 축복을 알아보고 받아들이는 데 실패이다.

메신저는 자만심이 없다. 그는 겸손한 사람이지만, 새 계시가 그에게 요구하는 큰 부름과 큰 책임을 받아들여야 하며, 세상에 새 계시를 가져오는 데 겪어야 할 큰 노고를 받아들여야 한다.

신이 다시 말했다. 신의 계시는 일부 상류층이나 문화적으로 특혜 받은 사람, 부자, 자기만족에 사는 사람들만을 위한 것이 아니다. 신의 계시는 모든 사회의 모든 계급, 모든 신분, 심지어 가장 원시적인 사람, 가장 진보한 사람, 가장 고립된 사람, 가장 폭넓게 사는 사람까지 모두를 위한 것이다.

창조주의 지혜만이 천사의 현존을 통해, 당신이 이 순간 듣고 있는 계시의 음성을 통해 이와 같이 말할 수 있다.

메신저의 사명은 세상에 계시를 가져오는 것이다. 그리고 첫 번째 응답자들을 찾아 계시와 관계를 맺도록 그들에게 기회를 주고, 삶에서 그들 자신의 깊은 특질과 부름을 받아들이게 하는 것이다.

그래서 계시를 받아들일 수 있는 사람, 그리하여 계시에 적응하고 자신의 삶에 성공적으로 적용할 수 있는 사람들이 자신의 개인적 계시를 받기 위해 길을 닦을 수 있도록 많은 가르침이 주어졌다.

이 가르침에서는 요구하는 것이 많지 않지만, 대부분의 사람이 실천하는 정직보다 더 정직할 것을 요구한다. 여기에서 정직은 단순히 자신의 생각과 믿음을 세상에 투사하는 것만을 말하는 것이 아니며, 더 깊은 곳에서 흐르는 자신의 삶을 인식하여 겸허한 자세로 결단력을 가지고 그 깊은 삶을 선택하는 것을 포함한다. 왜냐하면 그 깊은 삶이 개개인 안에 있는 앎의 힘과 현존, 신의 계시가 처음으로 온전히 드러내고 있는 앎의 힘과 현존이기 때문이다.

여기에 숭배해야 할 영웅은 없으며, 심판의 날도 없다. 거의 모든 사람이 결국 낙방할 그런 마지막 시험은 없다.

왜냐하면 신은 이런 일을 할 만큼 어리석지 않기 때문이다. 신은 사람들이 앎과 함께 있지 않으면, 갈피를 못 잡고 실패할 것이며 어리석은 실수를 범하고 자신의 삶을 위험하고 강압적인 세력들에게 넘겨주어 굴복할 것임을 알고 있다. 개개인 안에서 신의 힘이 사람들을 안내하지 않는다면, 그들은 자신의 나약함과 혼란을 드러내거나, 자신의 삶을 다른 사람들이 지배한다는 사실을 드러내는 것 말고 달리 무엇을 하겠는가?

지구의 신은 큰공동체 전체의 신이자, 우주 전체의 신, 즉 한 은하계 안에만 해도 수십억이 넘는 종족이 사는 그런 은하가 무수히 존재하는 우주 전체의 신이며, 다른 차원들은 물론 이 모든 것 너머에 변치 않는 창조물의 신이다. 당신은 이처럼 당신의 생각이나 믿음으로는 이런 장엄함 앞에서 넋을 잃을 만큼 크고 위대한 신을 다루고 있다.

이런 위대한 신이 당신 내면에 앎을 심어놓아 당신을 안내하고 축복하며 큰 삶을 위해 당신을 준비시킨다. 그래서 당신의 비굴하고 애처로운 관계나 자기연민에서 당신을 빼내어, 당신에게 자기존중·친절함·자비·겸손 등 명예와 존엄을 회복하게 한다.

메신저의 사명은 이러한 것들을 가르치고 제공하는 일이다. 또한 볼 수 없어 알지 못하는 이들이 저항하고 거부하는 것을 견디어 내는 것이다.

이것은 큰 부름이다. 이것은 사람들 개개인을 회복시켜 주고 큰 삶을 약속하는 것이다. 이것은 모든 사람, 심지어 가장 가난한 사람이나 타락한 삶을 사는 사람까지 모두에게 명예와 존엄을 가져다주는 것이다.

이것은 자원이 감소하는 세상에 직면하여 통합과 협동에 대해 큰 윤리를 세우는 것이다. 당신이 혹시 풍요롭게 산 사람이라면, 그런 세상을 상상이나 할 수 있겠는가? 그런 세상에서 인간가족에게 어떤 일이 일어날지 상상할 수 있겠는가? 그런 세상으로 인해 인류 문명이 파멸될 수 있다.

세상에서 은밀히 행동하는 침략 세력들과 인류의 만남은 인류 문명을 끌어내려 파멸시킬 수 있다.

사람들은 이것을 알지 못하며, 생각하지도 못한다. 자신의 특권을 잃을까 두려워하며 작은 것들만 온통 생각해온 이들에게는 어쩌면 이것이 너무 큰 것일지도 모른다. 그들은 큰 그림을 보지 못하는데, 바로 이 큰 그림에서 모든 사람의 미래가 결정될 것이다.

그러나 볼 수 있고 들을 수 있는 사람들을 위해서, 계시는 그들에게 말할 것이며, 그들이 응답하는 첫 번째 사람들이 될 것이다. 그리하여 계시는 그들을 통해, 다른 일에 마음을 빼앗겨 수평선 너머에서 오는 큰 일들을 볼 수 없는 사람들에게 말할 것이다. 한 사람이 이 모든 것을 할 수 없다. 많은 사람이 메신저와 협력하여 일에 참여해야 할 것이다.

이때 이기적이고 저돌적인 사람들, 또 자신들이 우주에서 매우 중요하다고 믿는 사람들의 문제가 생긴다. 그들은 자신의 독자적 해석을 갖기를 주장하고, 메신저와 협력하지 않고 독자 행동하며, 다른 가르침이나 자신의 관념과 새 메시지를 결합하려 한다.

이것이 바로 순수한 것이 세상에 전해질 때마다 일어나는 변질이다. 그 때문에 새 계시는 선언서 이전에 전해지고 있으며, 서면으로 전한다. 그 때문에 당신은 인류 역사상 처음으로 계시의 음성을, 예수·붓다·모하메드에게 말한 바로 그 음성을 들을 수 있는 것이다.

당신은 들을 수 있는가? 하찮은 다른 많은 것에 귀를 기울이면서도 이 말들을 들을 수 있는가? 비록 당신이 의심하고 수상쩍게 여기면서도, 메신저가 하는 말, 계시에서 하는 말을 들을 수 있는가? 계시는 속임이 없고, 복잡함이 없다. 또한 계시의 환경을 오염시키고 흐름을 흐리게 하는 인간의 해설이 없다. 그래서 계시는 대낮처럼 분명하다.

메신저의 사명은 남은 생 동안 이곳에서 신의 계시를 충분히 뿌리내리는 것이다. 그래서 인류가 변하는 지구에 대비할 수 있고, 큰공동체와의 접촉에 대비할 수 있게 하는 것이다.

그럼으로써 당신의 신학이 바뀔 것이고, 신이 무엇이고 세상에서 어떻게 일하는지에 대한 당신의 이해가 바뀔 것이다. 또한 복원이 무엇을 의미하는지에 대한 당신의 근본적인 종교적 믿음에 의문이 들 것이다. 왜냐하면 당신이 큰공동체 신을 생각할 때, 모든 것이 바뀌기 때문이다.

수십억이 넘는 종족에게 무엇이 천국인가? 신이 당신 내면에 앎을 심어놓았고 당신이 앎의 축복과 복원에서 빠져나올 수 없다는 것을 안다면, 무엇이 지옥인가?

신의 현존과 힘에 깊이 연결되어 있든 아니든, 우주에는 수십억의 종교가 있다는 것을 알았을 때, 무엇이 자신의 종교인가?

신이 언제 다시 말할지 누가 말할 수 있겠는가? 교만하고 무지한 사람이 아니라면, 신이 다시 말할 수 없다고 어떻게 말할 수 있겠는가? 신의 메신저조차 그렇게 말할 수 없다. 천사의 무리조차 그렇게 말할 수 없다. 그런데 어떤 사람이 신이 다음에 무엇을 할 것인지 정할 권한을 주장할 수 있겠는가? 그런 주장을 하는 것은 교만과 어리석음의 전형이다.

메신저는 이런 모든 일에 맞서야 할 것이다. 지적 교만에 맞서야 하고, 노골적이고 맹목적인 거부에 맞서야 하며, 온갖 비난에 맞서야 할 것이다.

1400년 만에, 신의 사랑이 가장 크게 표현된 것을 가져오는 사람을 향해서 하는 일이 이것이다. 어려움과 불완전에 직면하고 있음에도 불구하고 자신의 삶을 계시 자체의 표상으로 보여주는 사람을 향해 하는 일이 이것이다.

인류 역사상 처음으로 전 세계가 계시의 과정을 목격할 수 있다. 이 계시는 과거처럼 오직 옛날 이야기나 환상적인 이야기만을 통해서 전해 듣는 것이 아니다.

처음으로 인간가족은 계시의 음성을 들을 수 있으며, 계시의 말씀을 읽을 수 있다. 몇백 년이 지난 뒤, 메신저를 알지도 못한 사람들이 표현해 놓은 것을 읽거나, 문맹자들을 위해 구전으로 전수한 것을 읽는 것이 아니라, 바로 이 순간 전해지는 것을 읽을 수 있다.

왜냐하면 이 계시를 받아들이는 데, 인류에게 한 세기가 있는 것이 아니기 때문이다. 진행되는 변화가 너무 빠르다. 큰 세력들의 집중된 힘이 너무 강력하고 굉장하다.

세계 전역에서 사람들이 세상이 흘러가는 방향을 예감하며, 여기에 불안감을 느끼고 있다. 그들이 이 두려움을 무슨 탓으로 돌리든, 또 어떤 식으로 설명해보려고 하든, 이 두려움이 있는 것은 그들이 세상에 다가오는 변화의 큰물결을 느끼기 때문이다. 또한 인류가 점점 더 나약해지고 취약해지며, 인식 밖에 있는 세력들에게 종속되고 있음을 그들이 느끼기 때문이다.

신이 세상에 새 계시를 보낸 것도 바로 이런 일들 때문이다. 메신저가 세상에 온 것도 바로 이런 일들 때문이다.

메신저를 공경하고 존중하라. 그는 신이 아니다. 하지만 어떤 메신저도 신이 아니었다. 그는 완벽하지 않다. 하지만 어떤 메신저도 완벽하지 않았다. 다른 모든 메신저가 그들의 계시와 씨름했듯이 그도 새 계시와 씨름했다.

그는 공격받고 비난받을 것이다. 왜냐하면 과거 모든 메신저들도 현 메신저가 지금 이 순간에도 겪고 있고 앞으로도 겪어야 할 똑같은 경솔함·오만·무지로 인해 공격받고 비난받았기 때문이다.

메신저의 사명은 다리를 세우거나, 정부를 바꾸거나, 세상에 있는 모든 문제·오류·불공평을 고치는 것이 아니다.

그의 사명은 개개인에게 신비한 회복을 주는 것이며, 그래서 인류 역사상 가장 큰 사건들, 이미 당신에게 와 있고 지금 이 순간에도 수평선 너머에서 오고 있는 큰 사건들에 인류가 대비할 수 있게 하는 것이다.

만약 인류가 쇠퇴하는 세상에서 살아남을 수 없다면, 아무것도 갖지 못할 것이다. 인류의 위대한 작품이나 보물, 예술은 모두 사라질 것이다.

만약 인류가 지혜를 갖추지 못해 국경을 지킬 수 없다면, 또 사람들이 상호 복지·보호·성장을 위해 응답할 수 있을 만큼만이라도 통합할 수 없다면, 자유가 매우 귀한 큰공동체에서 인류는 아무것도 갖지 못할 것이다.

인간의 어리석음·무지·교만은 계시의 빛에 온전히 드러난다. 이는 마치 큰 빛이 세상을 비추는 것과 같다. 어둡고 비밀스러운 모든 것과 기만적이고 악의적인 모든 것은 계시의 빛에 노출되게 된다. 사람들의 나약한 태도, 불쌍한 삶의 질, 회복되고 복원될 필요성, 존엄성을 되찾을 필요성, 타락과 속임수, 신앙심이 깊다고 주장하는 사람, 신앙심은 없지만 권력과 지배를 위해 종교를 이용하는 사람, 이 모든 것이 계시의 빛에 노출되게 된다.

이 때문에 새 계시를 부정하는 사람들은 새 계시가 거짓이라고 말해야 할 것이다. 왜냐하면 새 계시가 자신의 지위를 위협할 것이고, 자신의 나약함과 오류, 자신의 위험한 경향들을 들추어낼 것이기 때문이다.

계시는 큰 사랑에서 나온 것이다. 왜냐하면 신은 인류에게 화내지 않기 때문이다. 앎의 힘과 현존이 사람들을 그들 자신의 의식 안에서 충분히 안내하지 않는다면, 신은 사람들이 어리석고 이기적이고 파괴적으로 행동할 것임을 안다.

신은 이것을 알지만, 인류는 모른다. 이것을 이해하는 것은 단순히 믿음의 문제가 아니다. 그것은 깊은 인식이고, 자신과의 깊은 공명이며, 당신 스스로는 자아를 실현할 수 없다는 깊은 정직이고, 큰 계시가 세상에 절실히 필요하다는 깊은 정직이다.

사람들이 이처럼 정직할 수 있는가? 사람들이 자신에 대해 비난하지 않고 이처럼 냉철할 수 있는가? 자신이 어디에 서 있는지, 그리고 부유하든 가난하든, 혜택을 받고 있든 못 받고 있든, 자신의 삶이 얼마나 공허해졌는지 사람들은 정말 자세히 살펴볼 수 있는가? 사람들이 이것을 직시하여 이 공허함이 신에게로 돌아오라는 부름이고, 신이 응답한 것임을 알아차릴 수 있는가?

메신저의 사명은 이곳 지구상에서 남은 그의 생애 동안 가능한 한 많은 사람에게 계시를 전하는 것이며, 또 메신저의 축복을 받으며 메신저의 큰 일을 계속 해나갈 다른 이들, 새 메시지를 미래로 전달할 다른 이들이 점점 더 많은 사람;—혜택받지 못한 사람, 풍요로운 사람, 부유한 국가, 가난한 국가, 자연 속에 사는 원주민, 대도시에서 사는 사람 등—에게 새 메시지를 전하게 하는 것이다.

새 계시가 세상에 왔다. 이 계시는 혼자서도 공부할 수 있고, 다른 사람들과 함께 효과적으로 공부할 수도 있다. 또한 들을 수도 있고, 글로 볼 수도 있으며, 명료하게 번역될 수도 있다. 계시는 공유되어야 한다. 이것은 계시를 받아들이는 모든 사람의 의무며, 받아들이고 나면 자연스럽게 그런 마음이 들 것이다.

하지만 과거 모든 위대한 계시처럼, 새 계시는 처음에는 저항을 받을 것이고 어려울 것이다. 왜냐하면 세상에 신의 계시가 필요하다는 것을 세상은 모르기 때문이고, 세상은 여기에 준비되지 않았으며, 많은 사람이 다양한 이유로 계시에 반대하기 때문이다.

때가 되어 이것을 분명하게 볼 수 있으면, 메신저가 당신 삶의 참된 현실, 즉 당신이 중요한 어떤 일을 하기 위해 세상에 파견된 현실을 아주 넓은 관점에서 표현하고 있음을 알 것이다. 그 중요한 일이란 아마도 세계적 규모와 같은 거창한 것이 아닐 것이다. 규모는 그렇게 중요하지 않다.

사람들은 모두 큰 목적 때문에 세상에 파견되었다. 인간가족의 비극은 사람들이 이 큰 목적을 알아차리지 못하거나 정치적·종교적 억압 때문에 찾을 수 없다는 점, 또 사람들이 이 큰 목적을 볼 수도 들을 수도 느낄 수도 없으며, 서로에게 큰 목적을 이루도록 도와줄 수 없다는 점이다. 그리고 이 점이 타락·불화·갈등·증오의 원인이며, 인간가족을 괴롭혀 우주에서 큰 민족이 되지 못하게 하는 원인이다.

인류를 괴롭히는 이 모든 것들이 큰공동체에서 인류의 자유를 방해한다. 이제 이 모든 것을 충분히 많은 사람이 깨달아야 한다. 모든 사람은 아니더라도 충분히 많은 사람이 깨달아서 세상에 큰 운동이 일어날 수 있도록 해야 하고, 지금 이 순간에도 개개인의 내면에 실제로 사는 큰 양심이 드러날 수 있도록 해야 한다.

계시를 배운다는 것은 앎과의 관계 속으로 되돌아온다는 뜻이다. 앎은 신을 떠난 적이 없으며 여전히 소통되고 있는 당신의 한 부분, 지혜롭고 세상에 오염되지 않으며 세상을 두려워하지 않는 당신의 한 부분이다. 또한 앎은 지혜이고, 당신이 지금까지 삶에서 이룩한 모든 용기와 성실을 낳게 한 힘이다.

앎과의 관계 속으로 되돌리는 것이 메신저의 선물이다. 또 이것이 과거 메신저들의 선물이었다. 그러나 그들의 이야기는 변질되었으며, 종종 그들의 말은 잘못 해석되었다.

왜냐하면 신의 모든 계시는 앎의 힘과 현존을 개개인들에게 복원시키도록 되어 있기 때문이다. 왜냐하면 이 앎의 힘과 현존이 그들의 참된 양심이고, 순수하고 효과적인 방식으로 그들을 신에게 데려가는 것이기 때문이다.

신이 다시 말했으니, 세상은 축복받았다. 메신저가 세상에 있으니, 세상은 축복받았다.

이 축복을 받아들이라. 이 축복을 다른 사람들과 공유하라. 새 계시는 대단히 크다. 당신은 계시를 순식간에 이해할 수 없다. 당신은 계시를 한 문장으로 읽을 수 없다. 당신은 계시가 당신의 삶과 세상에 어떤 관련이 있고 어떤 지혜를 담고 있는지 찾기 위해 계시에 다가가야 한다.

이것은 시험이며, 계시의 시대에 사는 어려움이자 큰 기회이다. 이것은 계시를 받아들이는 자들이 치르는 시험이다.

신은 시험에서 낙방한 이들을 벌하지는 않겠지만, 그들은 계시가 그들 삶에 가져다줄 권한·명확성·축복을 받는 자리에 있지는 못할 것이다.

신은 사악한 자들을 벌하지 않는다. 왜냐하면 앎과 함께하지 않을 때 사악한 행위가 일어날 것임을 신은 알기 때문이다.

그래서 계시는 사람들 내면에 있는 큰 지성, 그들 자신이나 세상을 위해 일어날 수 있는 모든 선한 일에 바탕이 되는 큰 지성으로 사람들을 부른다.

그럼으로써 당신은 더욱더 명료하게 신성의 현존과 힘, 우주의 신이 세상에서 어떻게 일하는지에 대해 이해할 수 있게 된다.

이것은 당신에게 큰 기회이며, 인류 역사에 가장 중요한 순간이다. 또한 인간가족이 미래에 자유롭고 잘 융화된 문명사회가 될 것이냐, 아니면 부패하여 외부 설득의 영향을 받을 것이냐를 결정지을 큰 전환점이다.

이것은 큰 전환점이고, 큰 도전이며, 큰 기회이고, 큰 부름이며, 큰 복원이다.

이것이 당신에게 이해되기를 바란다.

제 7 장

입문

2011년 6월 28일
미국 콜로라도 보울더에서
마샬 비안 서머즈에게
계시되었다

사람들이 세상 일로 바쁘게 살고 있다 할지라도, 메신저는 세상에 신의 새 계시를 선언해야 한다. 왜냐하면 신의 새 계시는 많은 사람의 삶과 미래에 열쇠를 쥐고 있기 때문이다.

이 새 계시가 그 사람들을 큰 부름으로 입문시킬 것이다. 큰 부름으로 입문시키는 일은 새 계시 말고 다른 어떤 가르침이나 다른 어떤 곳에서도 해낼 수 없다.

새 계시는 다가오는 변화의 큰물결에 대비해 세상을 준비시키려고 왔다. 큰물결은 환경과 정치, 경제에 커다란 변화가 오는 것을 말하며, 이는 사람들이 지금 예상하는 것보다 훨씬 더 클 것이다.

새 계시를 기다리는 사람들이 많다. 왜냐하면 기존 종교나 세상 전통을 통해 입문할 수 없었던 사람들이 많으며, 그들은 사랑을 통해서도, 일이나 다른 활동을 통해서도 내면에 깊이 접속할 수 없었기 때문이다. 그들은 오랫동안 기다렸으며, 바로 이 계시를 오랫동안 기다렸다.

그들에게 새 계시는 그냥 단순한 가르침이나 현상이 아니다. 또한 단순히 추론해보거나 논쟁거리가 되는 그런 것이 아니며, 거부하여 뿌리칠 수 있는 그런 것도 아니다. 그들에게 선언서는 엉뚱하거나 별난 것이 아니라, 완벽한 것이다.

선언서는 자신들의 입문이다. 선언서는 그들의 부름을 쥐고 있다. 그 부름은 마음의 태곳적 통로를 타고 내려가 그들이 거의 알지 못한 자신의 한 부분에 말한다. 그런데 그 부분은 그들 존재의 중심이며, 세상에서 그들의 현존이다.

그들에게는 지금이 가장 중요한 시기이다. 비록 그들이 지금 시기가 무엇을 의미하는지 완전히 이해하지 못하고, 미래에 무엇이 필요한지 모른다 하더라도, 여전히 가장 중요한 시기이다. 그들은 오랫동안 지금을 기다려왔다.

그들은 위대한 전환기인 이 시기에 살려고 세상에 파견되었으며, 새로운 미래를 건설하는 데 일원이 되려고 파견되었다. 그들은 과거보다는 미래에 연결되어 있다. 그래서 그들은 미래의 아이들이다.

전에 일어났던 일이나 계시된 것이 그들에게 영감을 줄 수 있고 유익할 수 있겠지만, 그들이 입문할 수 있는 것을 담고 있지 않으며, 그들의 큰 부름을 담고 있지 않다. 그들이 그처럼 오랫동안 찾고 기다렸던 것을 담고 있지 않다. 이것이 바로 그들의 운명이다.

당신은 자신이 세상에 오기 전에 내면에 심어놓은 것을 바꿀 수 없다. 세상에서 일어나는 일로 환경이 바뀌고, 당신에게 오는 기회가 달라질 수는 있지만, 당신 운명은 여전히 그대로이다.

당신은 운명과 한바탕 싸워볼 수 있다. 또한 운명을 거창한 일이나 활동, 아니면 멋진 로맨스로 대신해 보려 할 수도 있고, 다양한 오락이나 환상으로 바꿔보려 할 수도 있다. 그러나 당신이 세상에 오기 전에 내면에 심어놓은 것을 바꿀 수는 없다.

당신 운명이 드러나게 되어 있다면, 어디서 드러나고 어떻게 드러날지는 바뀔 수 있다. 실제로 세상환경이 변하거나 사람들이 무엇을 믿고 따르느냐에 따라 바뀌며, 그들의 조건이나 상황에 따라 바뀌고 있다.

새 계시를 받아들이는 것이 당신 운명이라면, 당신은 다른 어디에서도 부름을 찾을 수 없다. 다른 데서 부름을 찾아보고, 새 계시에 저항하고, 멀리 떨어져 있으며, 결점은 없는지 찾아보려고 하라. 새 계시를 하찮게 여기고, 오히려 궁지에 몰아넣어 보라. 그래도 당신은 새 계시가 당신 운명을 품고 있다는 사실을 바꿀 수 없다.

당신 마음은 추론하고, 의문을 가지며, 정말 말도 안 되는 소리라고 생각할지도 모른다. 그러나 당신 가슴속에서 알고, 당신 혼이 움직일 것이다.

마치 당신이 세상에 오기 전에 당신에게 말했던 음성과 같다. 그래서 이 어렵고 도전적인 환경을 맞이할 수 있도록 준비하게 할 것이다. 그 음성은 마치 우리가 말하는 음성과 같다. 그래서 연결을 소생시키고, 삶의 주 관심사와 의미를 회복시킨다.

입문할 당시는 이해하지 못할 것이며, 매우 혼란스러울 것이다. 입문은 당신의 목표나 생각과 너무나도 다르며, 당신이 누구인가, 무엇을 하는 사람인가에 대한 개념에서도 완전히 다르다.

갑자기 벼락을 맞은 것 같으며, 잠깐 사이 어둠속에서 모든 것이 밝아진다. 그러면 당신 삶에 대한 진실을 보며, 큰 목적과 부름에서 당신이 얼마나 멀리 떨어져 있는지 알게 된다. 마치 대양에서 뗏목을 타고 표류하면서 세상 풍파에 휩쓸려 있는 당신을 보게 된다.

그러나 신이 광활한 바다에서 표류하는 당신을 찾았다. 대양에서 작은 한 점에 불과한 당신이 발견되었다. 당신이 이 계시에 의해 발견되었다.

당신 상황이나 마음 상태가 어떠하든, 부름은 당신에게 말할 것이다. 왜냐하면 바로 당신 운명을 말하기 때문이다. 부름은 다른 사람의 운명이 아니다. 다른 사람은 걱정할 필요가 없다. 이것은 당신 운명이다.

어쩌면 당신은, "다른 사람은 어떻게 되는가? 내 배우자나 아이들은? 그리고 다정한 내 친구들은?"하고 물을지 모른다.

그러나 신은 대양에서 한 점을 찾았고, 그 점은 다른 사람이 아닌 바로 당신이다.

이것이 입문이며, 참으로 신비로운 것이다. 당신은 입문을 이성으로 이해할 수 없다. 또한 입문이 의미하는 것이나 당신에게 행동하도록 이끄는 것을 통제할 수 없다. 당신이 신을 통제할 수 없으니, 당연히 입문을 통제할 수 없다.

당신의 거창한 생각이나 확고한 믿음은 모두 현존 앞에서 천박하고 나약하게 보인다. 논쟁하는 것은 공허하다. 거부하는 것은 감동이 없고, 진실성도 확신도 없다. 왜냐하면 이것이 바로 당신의 입문이기 때문이다.

얼마간 고심한 끝에 입문을 인정하면, 준비로 가는 여행길이 당신 앞에 펼쳐진다. 앎으로 가는 계단이 당신 앞에 펼쳐진다. 당신 앞에 단계적으로 참된 삶을 회복하는 일, 당신이 해야 할 모든 일들과 처해 있는 상황이 펼쳐진다.

당신은 지금 표류하고 있기 때문에 당신이 있는 곳에서는 당신 목적에 도달할 수 없다. 당신은 안전한 항구를 찾지 못했고, 당신 삶을 펼치기로 한 땅을 찾지 못했다.

그러니 계시에 감전된 지금 이 순간이 얼마나 굉장한 일인가! 한 순간의 일처럼 보이지만, 갑자기 모든 것이 다르게 느껴지기 시작한다. 평상시 경험했던 것과는 완전히 다른 체험을 했으며, 앞으로 해나갈 일에 차이를 알기 시작한다. 왜냐하면 당신 혼자 할 수 있는 것은 그 어떤 것도 이 체험과 비교할 수 없기 때문이다. 이 체험은 지금까지 당신이 가져보려 했던 어떤 체험보다 더 크며, 당신 혼자 구상했던 어떤 목표보다 더 위대하다.

당신은 두려움을 느끼고, 어찌할 바를 몰라 혼란스럽겠지만, 그런 느낌은 괜찮으며, 자연스러운 것이다. 당신은 삶이 갑작스레 바뀌면, 분명히 혼란스럽고 방향감각을 잃을 것이며, 현재 집착하고 있는 것이나 즐기고 있는 것에 환상이 깨질 것이다.

일단 신이 당신에게 점을 찍어놓으면, 그 점은 당신이 삶에서 지우거나 덮어버릴 수 있는 것과는 다르다. 또한 설명하거나, 그 힘을 축소시켜보려고 자신에게 합리화할 수 있는 것과도 다르다. 당신을 위해 온 계시와 싸울 작정인가?

새 계시를 발견하거나 듣게 된 것은 결코 우연이 아니다. 하늘에서 당신을 후원하는 모든 이들은 당신이 새 계시를 알아차리는 시점에 이르도록 애써왔다. 또한 당신이 응답할 수 있게 하려고, 살아가면서 구렁텅이에 빠지지 않도록 보호하고, 이미 입은 피해나 이미 낭비해버린 것은 더 커지지 않도록 애써왔다.

입문 때문에 당신이 어찌할 바를 몰라 혼란스럽고 매우 불확실하게 느낄지도 모른다. 어쩌면 참으로 운이 없다고 생각할지도 모른다. 그러나 하늘에서 보면, 당신은 축복받은 소수의 한 사람으로써 가장 큰 기회를 부여받았다. 입문이 당신 삶과 환경을 바꾼다고 해서, 당신이 어떻게 되는가? 당신이 누구이고, 왜 여기 파견되었는지 아는 일과 비교해보라.

이를 아는 것은 당신에게 중요하며, 특히 이 순간은 더욱 그렇다. 당신과 관계된 다른 사람들에게도 의미 있겠지만, 당신에게 더 큰 기회가 주어졌다. 정확하게 말하면, 기회보다 훨씬 더 중요한 부름이 주어졌다.

일단 입문을 하고 나면, 가는 길이 달라질 것이다. 처음에는 알아보기 힘들 수도 있지만, 그 어떤 것이 가는 길을 바꾸어 놓았다. 당신은 결코 예전과 같지 않을 것이다. 입문한 것을 거부하고 부정하면서 살려고 해도, 결코 예전과 같지 않을 것이다.

당신은 단순한 즐거움만으로 행복하지 않을 것이다. 이전의 목표나 취미, 흥미, 오락거리로는 결코 만족하지 못할 것이다. 무언가가 변했다.

하늘에서 보면, 이것은 대단한 축복이다. 마침내 당신 인생에 구원받을 가능성이 생겼다. 그러나 이 순간이 당신에게는 매우 다르게 보일지도 모른다.

그러니 새 계시가 당신의 입문이라면, 이 계시를 단단히 붙잡으라. 이 계시가 당신 존재의 중심에 있다면, 당신은 알 것이다. 새 계시는 혼자 생각을 해본다거나, 이성으로 판단할 수 있는 것이 아니다. 인간의 이성은 불확실하고 예견할 수 없는 세상을 다루는 데 쓰는 대응기술일 뿐이다. 그래서 어떤 경우에는 적절하나, 어떤 경우에는 전혀 쓸모가 없다.

당신이 메신저를 안다는 것은 중요하다. 왜냐하면 메신저가 세상에 있는 동안 입문하면, 당신의 기회는 훨씬 커지고 더 중요해지기 때문이다. 메신저가 있는 동안에 당신이 기회를 놓친다면, 참으로 불행한 일이다.

계시는 수백 년 때로는 천년 만에 한번 꼴로 온다. 그리고 마침 당신이 이 시기에 세상에 와 있다. 하늘의 관점에서 보면, 이것은 대단한 축복이고, 큰 기회이다.

그러나 누가 메신저를 알아볼 수 있는가? 메신저는 매우 평범해 보이며, 세상을 놀라게 할 만한 모습과는 거리가 멀다. 또한 세상에서 높은 자리에 오르지도 않았다. 그리고 군중 속으로 사라져 그 속에서 걸을 것이다. 그러면 계시에 감전된 사람들이 아니면 아무도 메신저를 알아보지 못할 것이다.

메신저는 자신과 만나는 사람들이 누구냐에 따라 그들에게 자신의 참목적과 세상에서 하는 일을 드러내지 않을지도 모른다. 메신저의 참목적과 일을 알고 싶지 않은 사람이 어디 있겠는가? 그럼에도 바로 옆에 서있는 사람이 이처럼 중요한 인물을 어찌하여 알아보지 못하는가?

이것이 세상의 어려움이다. 사람마다 보는 눈과 듣는 귀가 있지만, 다른 방식으로 보고 있다. 그들은 실제로 있는 그대로 보려는 것이 아니라, 그들 마음속에 있는 것을 듣고 확인하려 한다.

그래서 그들은 보아도 보이지 않고, 들어도 들리지 않는다. 그래서 메신저 옆에 서 있어도, 지금 지구상에서 가장 중요한 사람 옆에 서 있다는 것을 알아채지 못한다.

메신저는 결코 자신에 대해서 말하지 않을 것이다. 그리하기에는 그는 너무 겸손하다. 그래서 그를 위해 이렇게 말한다.

마치 오래 전으로 돌아가서, 모하메드와 함께 식탁에서 차를 마시고 있지만, 그가 누구인지 모르는 것과 같다. 메신저는 다른 사람과 똑같아 보이며, 현존의 빛을 발산하지 않는다. 또한 주위 사람들이 그가 있다고 황홀해질 만큼 굉장하거나 전지전능하지도 않다. 메신저는 그냥 보통 사람이며, 전통에 따라 옷을 입은 보통 남자이다. 일상에서 볼 수 있는 사람이며, 특별할 것이 없는 사람이다. 게다가 메신저는 자신의 말에 귀를 기울이도록 사람들에게 다가가서까지 전파해야 했다. 오직 소수 사람만이 볼 수 있었고, 나머지 주위 사람들은 모두 눈뜬장님이었다. 이와 같은 것이 계시의 시대에 메신저가 갖는 어려움이자 부담이다.

입문은 충격을 받는 데서 시작하며, 만족할 수 없는 데서 시작한다. 또한 당신이 찾고 있는 것을 아는 데서 시작하며, 본디 당신이 누구이고 왜 여기 왔는지를 설명해주지 못하므로 가진 것이나 사는 곳, 하는 일에 만족하지 못하는 것을 아는 데서 시작한다.

만족하는 사람들은 자신의 내면에 아직 충분히 깊이 들어가지 않았다. 그래서 그들이 머물러야 할 곳, 해야 하는 일에서 너무 멀리 떨어져 있다는 것을 깨닫지 못하고 있다.

목표는 행복이 아니다. 준비하고 접촉하고 재결합하여, 마침내 각자에게 적합한 곳에서 세상에 공헌하는 것이 목표이다. 그래서 행복을 추구하는 것이 그렇게 기만적인 것이다. 왜냐하면 계시는 당신을 불편하게 하며, 도전적으로 시험할 것이기 때문이다.

당신이 임무를 맡아 세상에 파견되었는데 지금 그 일을 하지 않는다면, 당신은 신이 당신에게 어떻게 해주리라 생각하는가? 당신에게 엄청난 어떤 것을 주지 않거나 군중 속에서 당신을 끄집어내어 하늘의 힘으로 가는 길을 바꾸지 않으면, 당신에게 희망이 보이지 않을 때, 신이 당신에게 찾아와 위로해주리라 생각하는가?

당신은 큰 바다 위에 있는 한 점일 뿐이다. 그 점이 어디인지 당신도 모르고, 다른 사람들도 모른다. 혹여 당신이 대단한 자리에 오르고, 엄청난 부를 이루어 사회에서 알아준다 하더라도, 당신의 큰 일을 찾지 못했다면, 그래서 최선을 다해 그 일을 하고 있지 않다면, 삶의 공허함이 가슴속에 스며들 것이다.

그러나 큰 일을 찾아서 하는 사람들은 다른 사람들이 맛볼 수 없는 자족감을 느끼며 가치와 힘을 체험한다. 이러한 체험은 다른 사람들이 자신도 맛본 것이라 큰소리치더라도 그럴 수 있는 것이 아니다.

신의 새 계시는 문화나 관습, 정치적 이용에 변질되어버린 인간 영성의 본질을 분명히 말해줄 것이다.

그리하여 당신이 세상에 조건화되는 속세 마음과 여전히 신과 연결된 깊은 마음, 이 두 마음을 가지고 태어난다는 것을 분명히 알려줄 것이다. 또한 이성에는 한계가 있으며, 당신은 이성의 한계를 넘어 마음의 표피층 밑으로 깊이 내려가야 한다는 것도 분명히 알려줄 것이다.

당신이 운명으로 정해진 큰 일을 하지 않으면 자아실현을 할 수 없으며, 추구하는 모든 즐거움은 일시적이며, 당신 혼에 절실히 필요한 것을 충족시켜주지 못한다는 것을 새 계시는 분명히 알려줄 것이다.

새 계시는 당신이 큰 변화의 시기에 살고 있다는 것을 분명히 알려줄 것이다. 즉, 우주에서 인류의 고립은 끝날 것이고, 변화의 큰물결이 지구를 덮칠 것임을, 그래서 대격변의 시대, 불확실성의 시대, 계시가 전해져야 할 시대임을 알려줄 것이다.

사람들은 메신저에게 많은 것을 원할지도 모른다. 특별히 베풀어주거나 기적을 바라고, 초자연적인 사람으로 믿고 싶고, 그의 현존과 그의 일로 삶이 풍요로워지기를 희망한다.

과거에 메신저들에게 많은 사람이 실망했듯이 이들도 실망할 것이다. 그래서 메신저들을 거부하고 회피하며, 어떤 경우는 죽이기까지 한다. 왜냐하면 사람들이 원하는 것을 얻지 못하기 때문이다. 그러나 그들은 자신들에게 진짜 필요한 것만 받게 된다.

사람들이 원하는 것과 하늘의 뜻은 이처럼 매우 다르다. 그러나 당신이 정말로 생존차원을 넘어 삶에서 깊이 요구하는 것을 분별할 수 있다면, 당신이 원하는 것과 하늘의 뜻이 실제로 같다는 것을 알 것이다. 그러나 이와 같은 자각은 매우 정직할 때만 일어날 수 있다.

당신이 아직 이런 상태에 이르지 못했지만, 우리가 하는 말을 듣고 있으니, 입문할 수 있는 시기에 이르렀다. 당신은 가슴으로 들어야 한다. 판단이나 생각으로 듣지 말아야 한다. 또 계시가 사실이고 당신에게 의미 있는 것이 되려면 어떤 것들이 필요한지 당신이 결정할 수 있기라도 한 것처럼, 필요조건으로 여겨지는 것들을 가지고 듣지 않아야 한다.

심지어 사람들은 비참하게 살면서도, 아직도 겸손하지 않아 그들의 주 관계인 창조주와의 관계, 하늘의 뜻과의 관계에 관해 그들이 입문조건을 정할 수 없다는 사실을 인정하지 않는다.

이 입문조건은 종교 믿음에서도 정할 수 없다. 왜냐하면 믿음 차원을 넘어서 일어난 일이기 때문이다. 믿음은 너무 허약하고 일시적이기 때문에, 믿음으로는 천상의 상태인 고향에 들어갈 수 없다. 당신이 이 세상을 떠나면, 믿음은 더 이상 필요 없을 것이다. 믿음은 모두 몸과 함께 떠나며, 당신은 존재하는 대로 존재할 것이다.

당신의 영적 가족이 당신을 맞이하여, 어떤 일들을 해냈는지 물어볼 것이다. 그리고 이때는 부담도 없지만, 믿음 때문에 가려지는 일도 없다. 당신이 주요 역할들을 했는지 안 했는지 대낮처럼 분명해질 것이다. 당신이 하지 못했다고 고개를 젓더라도, 비난이란 없다. 단지 당신 일을 마치지 못했다는 것을 의미할 뿐이다.

당신은 하늘에 되돌아가서 계속 일해야 한다. 분리된 세계, 분리된 우주에서 봉사해야 한다. 되돌아가서 공헌과 자기 계발을 통해 일해야 한다. 당신은 비참하고 모순되고 논쟁하고 슬픔에 젖어 있는 상태로 고향에 되돌아갈 수 없다. 이런 경우 하늘은 당신에게 지옥 같아 보일지도 모른다.

신은 이 모든 문제들을 그냥 처리해주지 않는다. 이 문제들은 신이 만들지 않았기 때문이다. 이 문제들은 소멸되어야 한다. 신은 당신에게 앎과 큰 부름을 주었다. 그래서 이전 삶에서 있었던 비극을 지우고, 품위를 회복하며, 당신이 봉사해야 하는 당신 자신의 목적을 되찾을 수 있게 하였다.

이 모든 것이 입문에서 시작된다. 이 모든 것이 진실이고 효과 있는 것이라면, 그 시작은 입문에서 이루어진다. 신은 여기에 입문조건을 규정해 놓았고, 고향으로 가는 진짜 여행길을 시작하도록 정해 놓았다.

당신은 가는 길을 알지 못하니, 자신의 참된 상태로 혼자서 되돌아갈 수 없다. 다른 누군가가 규정해놓은 것을 단순히 따를 수도 없다. 왜냐하면 앎, 현존과 결합하는 일은 길을 따라 가는 도중에서 일어나야 하기 때문이다. 그러지 않으면 그것은 이성으로 세운 계획일 뿐, 혼의 여행길이 아니다.

세상을 위해 시간이 부족하다. 자신을 완벽하게 하거나 자신의 문제를 해결하는 데에 수십 년 수백 년을 보낼 시간이 없다. 부름은 바로 지금을 위해 있고, 시간이 늦었다.

당신이 응답할 수 있다면, 이 말에 압박감을 느끼겠지만, 그 압박감 때문에 응답하고 준비하는 데 시간이 단축될 것이다. 그러니 압박감은 큰 축복이다. 응답할 수 없는 사람에게는 시간이 바로 고통이기 때문이다.

선물은 당신 안에 있지만, 당신은 그 문을 열 수 없다. 당신에게는 열쇠가 없다. 당신에게 전체적인 그림이 없기 때문에 당신의 깊은 본성을 찾을 수 없다. 당신은 아직 당신의 근원과 관계를 맺지 못하고 있다. 왜냐하면 깊은 본성이 근원과 관계를 맺고 있기 때문이다. 세상이라는 대양에서 길을 잃어, 분리 속에서 살고 있는데, 도대체 어떻게 깊은 본성을 찾을 수 있겠는가?

깊은 본성은 당신 삶이 구원받을 수 있는 하늘의 선물이다. 그러나 당신은 먼저 당신에게 제시된 길을 받아들여야 한다.

당신은 계시에 응답해야 한다. 신의 이전 계시에 응답하지 않았다면, 당신은 새 계시를 기다리고 있는 것이다.

당신은 절망하거나 환멸을 느끼는 어느 시점에서, 내면에 깊이 요동치는 것을 느낄 것이다. 그리고 큰 목적이 있어 여기 왔다는 것을 알게 될 것이다. 당신이 아직 그 목적을 찾지 못했지만, 그 목적은 당신을 기다리고 있으며, 당신 삶에 부름을 줄 시기만을 기다리고 있다.

제 8 장

축복

2007년 4월 20일
터키 이스탄불에서
마샬 비안 서머즈에게
계시되었다

인류에게 축복이 왔다. 지금은 계시의 시대이기 때문이다. 지금은 인류가 큰 선물, 즉 어렵고 불확실한 시대를 앞에 둔 인류에게 목적과 방향을 주는 큰 선물을 받는 때이다.

지금은 인류가 인류 영성에 대한 깊은 이해를 받아들이는 때이고, 인류의 통합과 협동에 대한 요청을 받아들이는 때이며, 지구 안팎에서 다가오는 인류의 운명에 대한 계시를 받아들이는 때이다.

왜냐하면 인류는 되돌아갈 수 없는 큰 문턱에 이르렀기 때문이다. 이 문턱은 인류가 지금까지 경험한 그 어느 문턱과도 다르다.

이제 당신은 한 국가나 한 부족, 한 집단의 사람이 아니라, 지구인이 되어야 한다. 왜냐하면 당신은 지금 지적 생명체로 이루어진 큰공동체에 진입하고 있으며, 이 큰공동체에서는 당신들이 마주칠 수 있는 모든 이들, 당신들을 지금 이 순간에도 지켜보고 있는 모든 이들이 당신들을 모두 지구인으로 여길 것이기 때문이다.

지금 당신은 삶의 거대한 파노라마로 들어가고 있으며, 당신이 상상조차 할 수 없는 그런 우주의 경쟁적 환경으로 들어가고 있다. 그래서 인류가 지금 어떻게 처신하느냐, 관계를 서로 어떻게 맺느냐, 우주에서 자신의 위치를 어떻게 보느냐에 따라 인류의 미래가 결정되는 데 엄청난 영향을 주며,

또 큰공동체에서 인류의 운명이 어떻게 성취될 것인지, 심지어 성취될 가능성마저 있는지에 대해 엄청난 영향을 줄 것이다.

인류는 지구의 생명유지 자원을 말살할 힘, 인류를 항구적 쇠락 상태로 전락시킬 힘을 지닌, 그런 큰 문턱에 이르렀다.

인류는 이처럼 엄청난 쇠락 상태에 빠질 만큼 항상 서로 경쟁했듯이 지금도 그렇게 경쟁할 힘이 있다. 하지만 여전히 다른 길을 선택할 힘도 있다. 시간이 흐를수록 더 어렵고 처리하기 힘들어지기만 할 뿐인 곤경에서 빠져나오는 길을 선택할 힘이 있다.

당신이 이 큰 두 가지 선택 중에 어떤 것을 할 것이냐는 개인으로서 당신이 무엇을 하느냐, 큰 그룹이나 큰 국가의 일원으로서 당신이 무엇을 하느냐에 따라 결정될 것이다. 만약 당신이 과거에 행동하던 대로 습관처럼 계속 행동한다면, 당신의 미래는 예견할 수 있으며, 지극히 암담할 것이다.

하지만 다른 길을 선택한다면, 당신은 새롭게 시작할 수 있고, 이곳에 머무는 모든 이의 가슴에 있는 큰 약속을 표현할 수 있다.

이처럼 다른 길을 선택했을 때, 이 축복이 이 큰 약속을 불러들일 것이다. 이 축복은 개인에서 시작하여 인간가족에게로 확장된다.

이렇게 해서 이 축복은 신의 새 메시지를 세상 안으로 불렀다. 왜냐하면 유일하게 신의 새 메시지만 그런 축복을 담을 수 있으며, 유일하게 신의 새 메시지만 모든 생명의 창조주가 개개인 안에 심어 놓은 큰 지혜와 큰 자비를 불러들일 힘이 있기 때문이다.

어떤 개인, 어떤 철학, 어떤 학파도 그런 부름을 만들 수 없다. 그 부름은 모든 생명의 창조주에게서 와야 한다. 그 부름은 큰공동체 전체의 신, 즉 유일한 신이자 유일한 원천에서 와야 한다. 비록 신의 천사들이 세상을 보살피지만, 신의 힘은 인류가 상상할 수 있는 것을 훨씬 넘어 펼쳐진다.

신은 사람들이 이 부름에 응답할 수 있도록 개개인 안에 앎의 씨앗을 심어 놓았다. 이 앎은 각 개인 안에서 발견되기를 기다리는 큰 지성이지만, 앎의 전 존재는 모든 생명의 창조주와 관계를 맺고 있다.

앎은 당신이 풍요롭게 살거나 남보다 더 유리한 입장에 서기 위해 쓸 수 있는 자원이 아니다. 왜냐하면 앎은 이런 것들을 하지 않을 것이기 때문이다. 앎의 목적과 본질은 모든 생명의 창조주에게 응답하는 것이다. 다시 말해, 인류가 생존하면서 이처럼 큰 문턱에 계속 다가갈 때, 그때 오는 큰 부름에 응답하는 것이다.

왜냐하면 바로 이 큰 전환점에서 인류가 성공 아니면 실패를 선택할 것이기 때문이다. 지금 인류는 세상에 다가오는 엄청난 어려움을 눈앞에 두고 있고, 분열된 인류, 몸부림치는 인류를 이용하고자 큰공동체에서 온 세력들과 맞서 경쟁하는 일에 직면하고 있다.

세계 전역에서 많은 사람이 세상 상황에 대해 불편함과 불안감을 많이 느끼고 있으며, 지구의 미래와 인류의 미래에 대해 깊이 우려하고 있다. 그들은 자신이 큰 힘을 가진 시대, 인류의 운명을 결정하는 시대에 살고 있다는 것을 느끼고 안다. 이것은 이성적으로 안 것이라기보다는 본능적인 느낌, 강력한 자각, 천부적으로 그냥 아는 느낌이다. 이와 같은 것은 모두 내면의 앎에서 나온다.

이런 큰 시기, 큰 전환점은 피할 길이 없다. 더 이상 환상이나 개인적인 열정에 빠져 있을 수 없다. 왜냐하면 당신이 만약 아무것도 보지 못하고 자신의 문제에만 골몰한 채 이런 큰 시기, 큰 문턱, 계시의 시대로 들어간다면, 볼 수도 알 수도 없고 준비할 수도 없기 때문이다.

당신은 신에게 구원해달라고 기도하고 축복해달라고 기도할지도 모른다. 그러나 축복과 구원은 이미 당신 내면의 앎 안에 있으며, 그 안에서 당신이 성숙하기를 기다리며, 그리하여 내면의 힘을 요청해야 하고 따라야 하며 또 무엇보다도 존중해야 한다는 것을 이해하기를 기다리고 있다.

이것이 당신과 신의 관계이다. 그리고 당신이 내면에서 느끼는 긴박감은 신의 부름, 즉 깨어나서 알아차리고 응답하라는 부름이다.

참여하는 일 없이 당신 삶에 큰 가능성이 있을 것으로 생각하지 말라. 인류 역사에서 가장 큰 사건이 일어나는 동안 잠을 자고서도 주위 변하는 환경에서 득을 볼 수 있다고 생각하지 말라. 당신이 사는 이 큰 시기를 남의 일처럼 바라보려고 하는 것으로 평화와 평정을 찾을 수 있다고 생각하지 말라. 이 시기에는 어떤 평화나 평정도 찾을 수 없을 것이며, 어떤 위로나 위안도 없을 것이다.

당신은 지금 계시의 시대에 살고 있다. 당신은 지금 인류에게 가장 큰 문턱, 가장 큰 도전, 가장 큰 위험이면서 동시에 대단히 심각한 상황 앞에서 협동과 통합을 이룰 가장 큰 기회가 되는 시대에 살고 있다.

당신 스스로 이것을 보고 알려면, 현실을 부인하려는 마음을 극복할 수 있어야 한다. 또한 보는 것을 가로막는 조건화된 문화를 극복할 수 있어야 하고, 자신의 선호나 도피하려는 마음을 극복할 수 있어야 한다. 어쩌면 당신은 이것이 불가능하다고 생각할지도 모르지만, 당신 내면에 있는 앎의 힘이 당신에게 이것이 가능하도록 해줄 것이고, 다른 사람들에게도 역시 가능하도록 해줄 것이다.

지금 부름이 내려오고 있다. 신의 새 메시지가 세상에 있다. 메신저가 세상에 있다. 그는 지금 새 메시지를 내놓을 준비가 되어 있다. 새 메시지에는 축복이 담겨 있고, 경고가 담겨 있으며, 준비가 담겨 있다.

새 메시지가 세상에 온 것은 세상 종교들을 대체하려는 것이 아니라, 세상 종교들의 공통되는 기반을 구축하고 강화하며, 그 종교들을 교화하여 힘과 목적을 주려는 것이다. 그래서 세상 종교들이 지구 안에서나 인류가 진입하는 큰공동체 안에서나 미래를 가질 수 있도록 하려는 것이다.

이처럼 큰 문턱 앞에서, 정부는 답이 없을 것이며, 철학자들도 답이 없을 것이다. 어쩌면 사람들이 해결책의 일부를 알고 그것을 표현해보려고 할 것이다. 이것은 당연히 필요한 일이지만, 답은 당신 안에 있는 큰 힘과 당신 밖에 있는 큰 힘에서 나와야 한다.

왜냐하면 이때는 인간의 이해에 큰 전환이 있어야 하고, 인간의 행동에 변화가 있어야 하기 때문이다. 큰 힘 그리고 당신을 포함해서 세계 곳곳의 사람들 내면에 있는 큰 응답에는 이런 큰 전환과 변화가 수반되어야 한다. 모든 사람이 응답할 필요는 없지만, 많은 곳에서 충분한 사람이 이 부름과 응답을 체험해야 할 것이다.

시간이 부족하다. 지금은 무기력하고 우유부단할 때가 아니다. 변화의 큰 물결을 눈앞에 두고 무지하고 어리석은 채로 남아 있는 호사를 부릴 때가 아니다.

왜냐하면 세상에 큰 어둠이 있기 때문이다. 이 어둠은 인류가 지금까지 겪은 그 어느 것보다 더 엄청나고 중대하다.

이 어둠은 인간가족에 큰 취약성이 있을 때 세상에 들어온다. 즉, 인류가 쇠락하는 세상에 직면할 때, 또 큰 결정 앞에 직면할 때, 다시 말해 인류가 경쟁·투쟁·전쟁으로 인해 자멸의 길을 걸을 것인지, 아니면 큰 위험 앞에서 협동과 통합으로 가는 다른 길을 알아보고 요구하고 표현할 것인지를 놓고 큰 결정을 해야 할 때, 이 어둠은 세상에 들어온다.

세상 곳곳에서 사람들이 이 큰 위험의 증거를 보기 시작했지만, 여전히 많은 사람이 잠자고 있고, 자신의 개인적 성취를 꿈꾸고 있으며, 이미 세상을 휩쓸고 있는 변화의 큰물결을 알아차리지 못해 주의를 기울이지 않고 있다.

그러므로 응답할 수 있는 사람들이 더 깊이 응답해야 할 것이다. 그래서 큰 위협을 알아차리고, 큰 경고에 귀 기울이며, 모든 생명의 창조주로부터 큰 축복을 받아들여야 할 것이다.

인류를 위한 답이 있지만, 그 답은 인류 스스로 만들 수 있는 답이 아니다. 왜냐하면 그 답에는 사람들이 서로에게 크게 봉사하도록 그들을 부를 힘이 있어야 하기 때문이다. 그 답에는 인류 자신에게 계속해서 해를 끼치는 정신적·사회적·정치적 이념이나 경향을 극복하여 넘어설 힘이 있어야 한다. 또한 인간가족 안에 자비·관용·용서를 불러일으킬 만큼 충분한 힘이 있어야 한다.

그 답은 단순히 생각을 모아놓은 것이 아니다. 그 답은 구원의 힘이다. 또한 신에게서 온 부름이고, 신의 창조물에게서 온 응답, 즉 사람들과 당신 내면에서의 응답이다.

그러므로 이 축복을 받아들이라. 이성으로는 그 축복을 완전히 이해할 수 없겠지만, 당신은 그 축복을 느낄 수 있고, 그 축복이 진짜임을 알 수 있으며, 내면에서 꿈틀대는 응답을 느낄 수 있다.

이 응답을 존중하여 당신의 의식에 떠오르게 하라. 이 응답이 당신을 앞으로 인도하게 하라. 이 응답은 창조주가 당신에게 제공하는 안내이다. 이 응답은 당신이 그 주변에서 잠자고 있었으므로, 당신 안에서 잠자고 있었다.

이 응답은 이제 모습을 드러낼 시간이 되었으니, 잠에서 깨어나야 한다. 당신은 이제 맑은 눈으로 세상을 객관적으로 바라보아야 한다. 당신은 이제 유치하고 어리석은 집착, 자신을 계속 나약하게 하고, 눈멀게 하며, 쉽게 상처받을 수밖에 없도록 하는 이런 집착을 옆으로 제쳐 놓아야 한다.

지금은 계시의 시대이다. 계시의 시대는 아주 드물게만 온다. 계시의 시대는 인간가족에게 큰 전환점이 다가왔을 때, 또 모든 생명의 창조주가 인류에게 큰 지혜와 앎을 줄 수 있고, 영감과 영적 힘을 새롭게 주입할 위대한 기회의 순간이 왔을 때만 온다.

이제 당신의 때가 왔다. 당신은 이때를 위해 왔다. 왜냐하면 당신이 천사의 무리의 도움을 받아 이 세상에까지 온 것은 이곳에서 단순히 소비자가 되려는 것이 아니기 때문이다. 당신은 자신의 보금자리를 마련하고 부자가 되고 또 부자가 되기 위해 다른 사람들과 싸우려고 온 것이 아니다.

비록 이것이 이 순간 이곳에서 당신 삶의 현실일지 모르나, 당신의 큰 현실은 아니다. 당신의 큰 현실은 훨씬 더 값진 어떤 것, 세상이 스스로 마련할 수 없는 어떤 것을 이 세상에 가져오기 위한 것이다. 큰 현실은 또한 이 선물이 당신 삶을 새로 구성하게 하여, 인류에게 봉사하고 이 세상의 삶에 봉사하는 데 당신 삶의 방향을 바꾸도록 하려는 것이다.

그런 목적은 큰 부름과 일련의 큰 상황에 의해 활성화되어야 한다. 그러므로 다가오는 변화의 큰물결에 움츠리지 말고, 그 상황을 직시하라. 당신은 변화의 큰물결의 그늘에서 겁을 먹고 어떻게 해야 할지 모르겠지만, 당신 내면의 영적 힘에 불을 붙여주는 것도 바로 그 상황이다. 이 영적 힘은 부름이 있고 축복이 있으므로 드러날 것이다.

신이 잠자고 있는 모든 이들을 부르고 있다. 이제 고통의 꿈, 성취의 꿈에서 깨어나, 이 큰 시기에 응답하고 선물을 내줄 준비를 하라고 부르고 있다. 당신은 발버둥 치는 인류에게 선물을 주기 위해 세상에 파견되었다. 인류의 미래는 이제 앞으로 몇 년 안에 대체로 결정이 날 것이다. 그래서 신의 이 부름이 축복이다.

당신은 신에게 많은 것을 기도할지도 모른다. 보호받기를 기도하고, 기회와 혜택을 기도하며, 가족이나 사랑하는 이들의 안녕을 기도할지도 모른다. 하지만 신이 줄 수 있는 것 중에 축복보다 더 큰 응답이 없으며, 당신이 받을 수 있는 것 중에 이 축복보다 더 큰 선물이 없다. 왜냐하면 이 축복은 당신 내면에서, 당신 혼의 욕구에서 나오는 훨씬 더 큰 물음에 응답하기 때문이다. 이 축복은 이성과 일순간의 욕구를 훨씬 뛰어넘는 메시지이다. 이 축복은 당신이 요청한 것보다 훨씬 더 많은 것을 제공한다.

이 축복은 길이자 방향이고, 알아차림이자 여행이며, 올라야 할 산이다.

그래서 이 축복은 당신 삶을 재조정하여 삶에 의미를 줄 것이고, 당신 생각을 정리하여 당신에게 양가성과 혼란에서 벗어나도록 해줄 것이다. 그럼으로써 당신 상황이 어떠하든, 다른 사람들이 이 축복을 보고 느껴 이 축복에 응답할 수 있도록 당신 삶에 축복이 올 것이다. 이 축복은 감지할 수도 없으며, 말로 표현할 수도 없다. 그럼에도 이 축복에는 인간가족에 모든 큰 보상을 가져올 수 있는 힘이 있다.

오직 이 축복만이 인류를 준비시키고 보호할 수 있다. 오직 이 축복만이 앞에 놓인 불확실하고 어려운 시기를 헤쳐나갈 길을 당신에게 알려줄 것이다. 오직 이 축복만이 세상에 있는 큰 어둠에 대비하여 당신을 준비시킬 수 있다. 이 큰 어둠은 현재 이 세상에 있는 모든 사람의 미래는 물론 앞으로 태어날 후세대의 미래까지 결정할 힘이 있다.

지금은 인류의 통합, 인류의 힘, 인류의 지혜가 전면으로 부상해야 할 때이다. 왜냐하면 당신은 이제 지구 밖과 경쟁을 해야 할 뿐만 아니라 지구 안에서 비참한 상황을 맞이해야 하기 때문이다. 이것은 인류가 지금까지 살아오면서 한 번도 겪어본 적이 없는 상황이다.

그런 현실이 먼 미래에 있다고 생각하거나 현재 당신과 무관한 것이라고 생각하지 말라. 큰 도전을 볼 수 없다면, 당신은 큰 필요성을 느끼지 못할 것이다. 큰 필요성을 느낄 수 없다면, 당신은 이 축복을 알아보지 못할 것이고, 축복의 필요성도 느끼지 못할 것이다. 그리고 이 축복이 없다면, 당신은 인류가 매우 어렵고 암울한 환경에서 장기 쇠락기로 접어든다는 것을 알지 못할 것이다.

비록 인류는 자신의 곤경을 알아볼 수 없지만, 신은 알고 있다. 비록 당신은 자신 내면에서 혼에 필요한 것을 아직 느낄 수 없지만, 신은 알고 있다. 신은 인류에게 다가오는 것이 무엇인지 알며, 깨어나서 알아차리고 준비하라고 인류를 부르는 것이 무엇인지 안다.

신의 뜻과 인간의 결정은 같지 않다. 그러므로 결과는 인간에게 달려 있다. 창조주는 이미 앎이라는 큰 하사품을 주었으며, 천사들은 세상을 보살핀다. 하지만 결과는 사람들 손에 달려 있다.

사람들은 큰공동체 많은 다른 종족이 아주 오랜 세월 동안 선택한 것처럼 실패하고 퇴보하는 것을 선택할 수 있으며, 다른 세력들의 설득과 지배 아래 들어가는 것을 선택할 수 있다. 이런 일은 지구 안에서나 지구 밖 광활한 우주 안에서 무수히 일어났다.

신이 뜻하는 것과 사람들이 자신을 위해 선택하고 원하는 것은 같지 않다. 이것이 문제이자 어려움이다. 이것이 큰 분리를 만든 것이고, 내면의 앎을 따를 수 없게 하는 것이다. 또한 사람들을 계속 눈멀게 하고 어리석고 파괴적으로 행동하게 하는 것이다. 그러므로 당신이 만약 문제를 알아볼 수 있다면, 그 해결책을 알아보는 자리에 있게 된다.

부름은 신에게서 와야 한다. 답은 당신 내면에 있는 앎과 모든 사람의 내면에 있는 앎에 있다. 앎 사이에는 경쟁과 갈등이 없으며, 그 앎이 모든 사람 안에 존재한다. 이것은 당신의 이론이나 생각, 당신이나 사회가 내린 처방과 얼마나 판이한가!

결국 인류는 용감하게 행동해야 하고, 어려운 결정들을 내려야 한다. 부름이 여기 있다.

당신의 결정과 행동은 이 축복을 따라야 하며, 이 축복에 앞서서는 안 된다. 이 축복을 선물로 받아들이라. 그러면 당신은 하나씩 단계적으로 무엇을 해야 할지 알 것이다. 즉, 당신이 행해야 하는 일련의 행동, 넘어야 하는 문턱, 자신의 생각이나 환경에 일어나야 하는 변화 등을 알 것이다. 축복이 있고 나서 행동과 이해가 뒤따른다.

주려면, 먼저 받아야 한다. 알려면, 먼저 눈이 열려야 한다. 응답할 힘과 용기를 가지려면, 응답할 필요성을 알아야 하고 당신이 사는 이 시대의 중대함을 느껴야 한다.

당신은 자신의 마음과 감정을 준비시켜야 한다. 그래서 축복을 받아들일 준비를 해야 하고, 내면의 큰 응답과 앎을 깨우는 큰 부름을 체험할 준비를 해야 한다. 당신은 이 앎을 어떤 방식으로든 통제나 지배, 조작을 하려고 하는 일 없이 앎이 서서히 드러나는 것을 허용해야 한다.

이렇게 하여 이 축복은 당신 내면에 자리잡아 성장한다. 이 축복은 한순간만 받고 끝나는 것이 아니다. 이 축복은 번갯불처럼 체험하는 것이 아니며, 일순간만 야경을 비추는 조명이 아니다.

이 축복에서 출현의 과정이 시작되고, 회복의 과정이 시작된다. 이 축복에서 당신의 남은 생을 안내하여 마칠 수 있게 하는 구원의 과정이 시작된다. 이 과정이 인류에게 절실히 필요하며, 당신의 혼이나 이곳에 머무는 모든 이들의 혼에 절실히 필요하다.

상황의 심각성이 당신에게 가장 강력한 방식으로 드러나기를 빈다. 당신 삶에서 앎의 깊은 응답이 일어나는 것을 받아들일 수 있도록 당신이 두려움·불안감·무능감 등의 초기 감정을 극복하기를 빈다. 앎의 깊은 응답은 당신 내면에서 오늘 일어날 것이고, 내일도 또 그다음 날도 계속해서 일어날 것이다. 왜냐하면 지금은 계시의 시대이기 때문이다. 당신은 계시의 시대에 이곳에 왔다.

제 9 장

지금은 계시의 시대이다

2011년 9월 27일
미국 콜로라도 레드빌에서
마샬 비안 서머즈에게
계시되었다

지구 역사상 처음으로 계시 과정을 직접 들을 수 있게 되었다. 과거에는 계시가 나중에 잘못 해석되는 일이 너무도 많았는데, 그런 일이 반복되지 않도록 현대 기술의 도움을 받아 계시 과정 전체가 녹음되고 있다.

중요한 것은 단순히 계시만이 아니며, 음성을 들을 수 있는 계시 과정 자체이다. 그 음성은 예수, 붓다, 모하메드, 그 밖에 지구 역사에서 잘 알려졌거나 전혀 알려지지 않은 다른 위대한 스승들에게 말한 음성과 매우 비슷하다.

이번 계시는 종교 사상에 있는 많은 잘못을 분명히 밝혀줄 유일한 기회이자 심오한 가르침으로써, 과거에 신이 준 모든 계시를 새롭고 훨씬 더 분명하게 밝혀준다.

지구를 비롯하여 모든 행성에서 계시 과정은 항상 같은 방식으로 이루어진다. 한 사람이 선택되어 세상에 파견된 다음, 그 사람이 성장하여 어느 단계에 이르면, 부름을 받고 평범한 생활환경에서 빠져나와 큰 만남, 큰 접촉을 갖게 된다. 즉 그 행성을 관장하는 천사와 만난다. 그리하여 큰 봉사를 준비하게 하며, 이 봉사는 세상에 대변혁을 가져오는 새로운 어떤 것을 준비하는 일이다.

이때 가져오는 것은 단순히 과거의 이해나 믿음을 개선하는 것만이 아니라, 실로 대변혁을 가져오는 새로운 것이다. 또한 단순히 이미 제공되어 기반이 잘 잡힌 어떤 것에 개선책이나 새로운 관점을 심어주는 것만이 아니라, 새로운 전환점이다.

계시를 직접 듣는 기회가 당신에게 왔다. 계시가 무엇이고 어떤 과정을 거치는지, 당신 삶과 지구 전체에 어떤 의미를 주는지 직접 들을 수 있게 되었다.

이 계시는 한 부족이나 한 국민, 한 국가나 한 지역에 한정된 것이 아니며, 지구 전체를 위해 내려온 메시지이다. 이 계시는 이전 계시의 개정판이 아니며, 이전 계시에 응답하는 것도 아니다. 또한 세상에 있는 어떤 가르침이나 신학에 부속물로 있는 것도 아니다. 이 계시는 실로 대변혁을 가져오는 새로운 것이며, 인간가족에게 큰 전환점이자 큰 도전이다.

당신이 어디에 살든, 어느 나라 국민이든, 또 어떤 환경에 처해 있든, 당신은 계시의 시대에 살고 있다. 이 시대는 과거 어떤 계시의 시대 못지않게 대단하다.

계시에 응답하는 당신의 능력에 따라 당신이 얼마나 준비하고 마음을 열수 있는지, 얼마나 정직하고 성실할 수 있는지 결정될 것이다. 왜냐하면 거짓되고 불순한 것, 타락하고 잘못된 것은 계시의 빛으로 드러나기 때문이다.

신이 새로 보낸 메신저를 누가 받아들일 수 있고, 누가 거부할 것인지, 사람들이 어떻게 응답할 것인지, 응답을 하기는 할 것인지, 이 모든 것이 계시의 시대에 드러난다.

당신이 종교를 바라볼 때 어디에 가치를 두는지, 그 믿음이 얼마나 순수한지, 접근하는 방법이 얼마나 맑고 정직한지, 또 마음은 얼마나 열려있는지, 이 모두가 계시의 시대에 드러난다. 그리고 당신은 지금 이 계시의 시대에 살고 있다.

한 사람이 준비 과정을 거쳐 세상에 파견되었다. 그 사람 말고 누구도 이런 주장을 할 수 없다. 왜냐하면 누가 선택되었고 누가 선택되지 않았는지, 하늘이 알기 때문이다. 스스로 선택된 사람이라고 주장하는 자는 세상에 새 계시를 가져올 수 없다. 또한 힘과 명료성이 없으며, 무엇보다도 계시 자체가 없다.

모든 것이 계시의 시대에 드러난다.

계시 과정은 이야기나 환상과는 매우 다르다. 인간 역사에서 중요한 사건인 계시는 사람들이 그 가르침을 한층 돋보이게 하려고 놀랄 만한 방식으로 미화되고 부풀려졌지만, 계시 과정은 그런 기적과는 너무도 거리가 멀다.

이런 위대한 사건은 모두 초라하게 시작한다. 웅장하고 놀랄 만한 것과는 전혀 다르며, 모든 사람이 경외심으로 쳐다보는 기적이나 보기 드문 사건으로 채워지지 않는다. 인간이 지어낸 것과 실제로 있었던 일은 이 점에서 다르다.

계시는 귀하고 보기 드문 것이다. 신이 세상에 새 메시지를 보내는 것은 어쩌면 천년에 한 번이나 있는 일로서, 인간가족에게 큰 전환기와 큰 도전이 있을 때, 또는 기존 계시를 단순히 해석해주는 것이 아니라 새 계시가 있어야 하는 큰 기회와 큰 어려움이 있을 때뿐이다.

그래서 계시는 듣는 사람의 믿음과 관념을 지나 깊은 부분까지 도달해야 한다. 그들 안에 있는 깊은 지성, 여전히 신과 연결되어 있는 부분, 우리가 앎이라고 부르는 부분까지 도달해야 한다.

당신은 앎을 속일 수 없다. 앎의 수준에서는 잘못 인식하는 일이 없다. 하지만 안타깝게도 이처럼 깊이 연결되어 있는 마음 상태까지 도달하여 앎을 분명히 보고 따를 수 있는 사람이 거의 없다. 이 앎을 따를 때, 세상에서 신의 뜻과 목적을 따른다.

당신 앞에 놓인 계시는 지금까지 인류에게 준 계시 중 가장 방대하고 가장 중요하다. 왜냐하면 이번 계시는 문맹에서 벗어난 세상, 국제통신이 가능한 세상, 매우 복잡한 세상, 갈수록 어려움·혼란·고통이 가중되어 가는 세상에 전해주기 때문이다.

이 계시는 처음으로 세계 공동체에 전해주는 계시이며, 처음으로 문맹에서 벗어난 민중에게 주는 계시이다. 그래서 이 계시는 더욱 강하고 더 분명하게 말해야 하며 더 정교하고 더 복잡한 것을 말해야 한다.

왜냐하면 당신이 어린애처럼 군다면 세상 안팎으로 닥쳐오는 것들을 제대로 볼 수 없기 때문이다. 당신이 그저 부화뇌동하는 것으로는 다가오는 변화의 큰물결에 대비할 수 없으며, 인류 역사상 가장 크고 중요한 일인 우주지적 존재와 만남에 대비할 수 없다.

당신은 신을 숭배하는 것으로 이곳에서 당신 운명을 완수하고 있다고 생각해서는 안 된다. 왜냐하면 당신들은 저마다 큰 목적 때문에 세상에 파견되었으며, 그 목적은 지구 진화와 관련되어 있고 당신 주변에서 일어나는 인간의 어려운 현실과 관련되어 있기 때문이다.

오직 당신 내면의 앎만이 구체적으로 이것이 무엇을 의미하는지, 이것을 대비하려면 당신이 무엇을 해야 하는지, 또 무엇이 성취되어야 하는지 안다. 이 성취는 당신을 통해서 이루어지고, 큰 목적 때문에 당신과 자연스럽게 결합할 사람들을 통해서 이루어진다.

이 계시는 만신전을 만들거나 믿기 어려운 환상소설을 쓰고자 세상에 온 것이 아니다. 이 계시는 당신을 신의 종으로 만들려고 한다기보다는 오히려 당신이 신의 뜻과 목적을 표현할 수 있도록 북돋아주고자 세상에 왔다. 그리고 당신에게 이것을 가능하게 해주는 것은 오직 내면의 앎뿐이다.

이 메시지는 미래를 위한 계시이다. 미래는 과거와는 다를 것이다. 세상은 자원감소와 환경파괴가 심화되고, 식량·식수·의약품·에너지가 부족하여 살아가기가 매우 힘들며, 큰 위험과 투쟁이 있게 될 것이다. 게다가 우주에서 온 종족들이 인간의 약점과 기대감을 이용하여 지구 일에 개입하고 있다.

그러므로 메시지는 매우 강력하지만, 동시에 매우 분명해야 한다. 메신저는 이 메시지를 널리 알려야 하고 메시지가 뜻하는 바를 가르칠 수 있어야 한다. 이런 일을 하는 데는 수십 년이 걸린다. 심지어 메신저가 새 메시지를 받는 일마저도 수십 년이 걸린다. 그만큼 메시지는 방대하고 포괄적이다.

메신저는 세상에서 아무런 지위가 없는 사람이어야 하지만, 제대로 교육받고 인정 많은 사람이어야 한다. 그리고 소박하고 겸손해야 하며, 분명하면서도 동시에 모든 사람이 이해할 수 있는 용어를 써서 말해야 한다. 또한 자신의 삶을 통해서 이 메시지의 가치를 보여주고, 새 계시를 배우며 실천하는 삶이 얼마나 중요한지 보여주어야 한다.

그는 완전한 사람이 아니다. 하지만 지금까지 어떤 메신저도 완전하지 않았다. 지금까지 어떤 메신저도 일반 대중을 위해 실제로 기적을 행한 적이 결코 없으니, 그도 기적을 행하지 않을 것이다. 사람들이 부자든 가난하든, 어느 나라 국민이든, 어떤 종교를 가졌든, 세상 어디에 살든, 모든 사람이 살면서 신성의 현존과 힘을 깊이 체험할 수 있는 문을 열어주려고 그는 세상에 왔다. 그는 세상 종교를 새로운 것으로 바꾸려는 것이 아니라, 더욱 분명하고 적절한 것을 세상 종교에 제공해주려고 왔다.

왜냐하면 인류는 다가오는 변화의 큰물결을 대비해야 하기 때문이다. 그래야 인류 문명은 살아남아 안정을 찾으며, 미래에 인류 역사상 가장 위대한 업적을 쌓는 기반이 될 수 있다.

또한 인류는 우주의 삶에 대비해야 한다. 그리고 지금 지구 일에 개입하는 자들에게 어떻게 대응할지 알 수 있을 만큼 이해하려면 우주의 삶에 대해 교육받아야 한다.

세상 종교는 모두 과거 시대에 생겨났으므로, 그 어떤 종교도 인류에게 이런 일을 준비시킬 수 없다. 세상 종교가 인류에게 대단히 중요하기는 하지만, 인류 문명을 구하고 종교들끼리 깊이 단결하여 전쟁과 투쟁을 종식시키려면, 신의 새 계시가 있어야 한다. 그래야 인류가 다가오는 큰 도전을 준비할 수 있다.

미래의 계시를 이해하려면, 당신은 과거에 묶여 있어서는 안 된다. 신이 어떤 방식으로 다시 말할 것인지, 왜 다시 말했는지, 당신이나 다른 사람들에게 그 의미가 무엇인지, 이 모든 것을 이해하려면, 당신은 자신의 종교관을 고집해서는 안 된다. 가슴이 닫힌 사람이 되어서는 안 된다. 그러면 들을 수도 볼 수도 없을 것이다.

당신은 인류를 깊이 사랑해야 한다. 그리하여 이 계시를 소중히 하고, 이 계시가 가르쳐준 대로 살며, 이 계시에서 주는 힘·은총·자비를 받아들일 수 있어야 한다.

메신저의 앞길은 매우 위험한 여정이 될 것이다. 세상에 신의 계시가 내려올 때마다 항상 큰 저항이 있었듯이 새 계시에도 많은 저항이 있을 것이다.

그는 도시마다 찾아가 말하거나, 행사마다 모두 참석하지는 않겠지만, 그의 메시지는 전 세계로 방송될 것이다. 이 계시는 따로 해설이나 설명, 지침이 필요 없도록 자체 내에 모든 것을 포함하여 세상에 전달될 것이다. 이 계시는 미래에 학자들이나 특정 개인이 해설하고 주석을 달도록 남겨놓지 않을 것이다. 왜냐하면 그런 일은 위험하고 불행한 일로 이미 판명이 났기 때문이다.

그래서 계시가 그처럼 분명하게 말하고 반복해서 말한다. 그래서 계시가 그처럼 이해하기 쉽게 말하여 사람들이 잘못 이해하거나 해석할 가능성을 최소화하고 있다.

계시가 전에는 선택받은 사람이나 엘리트층만의 특권이었지만, 이번에는 사람들 개개인에게 앎의 힘을 회복하게 해준다. 이 계시는 인간의 깊은 양심을 말하며, 그 양심은 모든 중요한 일에서 당신을 안내하고 조언해주려고 당신이 세상에 오기 전부터 이미 당신에게 심어졌다.

메신저는 숭배 대상이 되지 않아야 한다. 그는 신이 아니다. 과거 어떤 메신저도 신이 아니었다. 그들은 인성과 신성을 반반씩 지닌 메신저였다. 그래서 그들은 이 세상과 고향, 양쪽 세계를 모두 보여준다. 당신들은 모두 이 고향에서 왔고, 결국 모두 이 고향으로 되돌아갈 것이다.

메신저는 명확히 밝혀져야 할 것을 분명하게 밝힐 것이다. 그의 음성은 들을 수 있는 이들의 가슴에다 말할 것이다. 그는 세상에 필요한 것, 가슴과 혼에 필요한 것을 말할 것이다. 그는 답만을 가져오는 것이 아니라, 답을 주는 것 자체를 가져온다. 왜냐하면 신은 사람들 개개인 안에 큰 지성을 심어놓았지만, 극소수를 빼고는 이것이 세상에 널리 알려지지 않았기 때문이다.

인간의 기술과 재주만으로는 큰공동체를 향하는 미래에 적절히 대비할 수 없을 것이다. 당신의 본성과 참존재에 훨씬 더 심오하고 필수적인 어떤 것이 있어야 할 것이다.

메신저가 이런 것들을 말할 것이고, 이것이 계시의 모든 부분이다. 신은 오늘을 위한 답, 내일을 위한 답은 주지 않겠지만, 모든 날을 위하고 모든 상황에 해당되는 답은 줄 것이다.

신은 당신 삶을 인도하지 않아도 된다. 모든 우주를 다스리는 주인은 이런 식으로 당신과 관계를 맺고 있지 않다. 신은 매우 현명하여 당신 내면에 앎을 심어놓았다. 그 앎은 완벽하게 안내하는 지성이며, 당신 마음속에 있는 다른 모든 음성·충동·욕망·두려움과는 구별되어야 한다.

계시는 앎으로 가는 계단을 제공하였다. 이 앎계단은 인간을 비롯하여 우주에 있는 모든 종족에게 신이 줄 수 있는 것 중 가장 위대한 하사품에 다가갈 수 있도록 길을 알려준다.

당신은 이제 신성을 삶의 거대한 파노라마로 이해하기 시작해야 한다. 과거에 묶여 있지 말고 유연한 마음을 가져, 당신 내면이나 주위에서 참으로 엄청난 변화가 미래에 일어날 때 적응할 수 있어야 한다. 당신의 주인은 이제 우주의 주인이 되어야 하며, 수십억 아니 그보다 훨씬 더 많은 종족의 주인이 되어야 한다.

이것은 이 계시가 인류에게 깨우쳐 주는 한 부분이다. 그래서 지금까지 받은 계시와는 매우 다르며, 훨씬 더 포괄적이다. 이 계시와 함께하면, 당신은 이전의 모든 계시를 소중히 할 것이고, 그 계시들에서 지혜를 얻을 것이다.

만약 당신이 독실한 기독교도라면 기독교도로서 그 믿음이 더욱 커지고 그 믿음을 더욱 포괄적으로 실천에 옮길 것이며, 만약 독실한 이슬람교도라면 이슬람교도로서 그 믿음이 커지고 더욱 포괄적으로 실천에 옮길 것이다. 만약 당신이 불교나 유대교 신자, 혹은 그 밖의 다른 종교 신자라 하더라도 당신은 그 종교 안에서 새 계시로 인해 더욱 확장될 것이다.

메신저는 이 점을 말할 것이고, 계시 또한 이 점을 말한다. 인류는 처음으로 계시의 음성을 듣게 되었다. 이전에는 명백한 이유 때문에 계시를 녹음할 수 없었지만, 이제 인류는 계시의 음성을 들을 수 있게 되었다. 경이로운 일이지만, 당신에게는 도전도 된다. 왜냐하면 당신이 계시를 들을 수 있는 귀가 없어 알아볼 수 없다면, 그때는 당신 스스로 가진 장애와 맞서 싸워야 하기 때문이다. 당신은 계시를 비난하고 부정하며 피할지도 모르지만, 이는 단지 당신의 약점과 한계를 나타낼 뿐이다.

신이 당신에게 그 이상 무엇을 해주어야 하는가? 당신이 계시를 받아들일 수 없다면, 신이 당신에게 무엇을 할 수 있겠는가? 신은 전 지구는 물론 당신 개개인에게 답을 주었다. 당신의 신앙·전통·종교·문화·국가 등 모든 문제에 답을 주었다. 당신은 특혜나 특별사면을 원하는가? 아니면 삶의 어려움에서 해방시켜 주거나, 말만 하면 다 들어주기를 원하는가? 그것도 아니면 무슨 일을 할 때마다 기적을 베풀어 주거나, 당신이 마치 세상에서 아무 힘도 쓸 수 없는 것처럼 천국과 같은 복지제도를 원하는가?

신은 앎을 통해 당신에게 힘을 주었으며, 새 계시를 통해 그 앎을 부른다.

세상을 구원하는 것은 신이 아니다. 그 일은 세상을 구원하라고 이곳에 파견된 사람들의 몫이다. 그래서 사람들이 자신에게 맡겨진, 작지만 의미 있는 역할을 해나갈 것이다. 그 역할은 그들이 이해하는 것보다 더 위대한 일이며, 그들의 개인적 목표나 야심과는 다르다. 그 역할은 마음 깊은 곳에 앎으로 구현된 하늘의 힘을 그들에게 되돌려 주어, 활기를 되찾아 주며 그들을 구원할 것이다.

계시의 과정을 이해하는 기회가 당신에게 왔다. 당신이 이 과정을 이해할 수 있다면, 이것이 얼마나 대단한 기적인지 알 것이다. 당신은 메신저를 신으로 바꾸어 놓는 것이 아니라 그에게 합당한 존경을 표할 것이다. 그리고 계시에 접근하는 데 정직할 것이다. 계시를 무시하고 업신여기는 것이 아니라 들어보고 체험해보려 할 것이며, 계시가 당신에게 어떤 큰 목적과 의미가 있는지 이해할 수 있도록 당신 삶에 충분히 적용해볼 것이다.

사람들은 신이 그들에게 많은 일을 해주기를 바란다. 재난에서 구해주고, 기회를 주며, 병자를 치유해주고, 폭정을 일삼는 타락한 정부를 전복시켜 주기를 바란다. 또한 부자로 만들어 주고, 행복하게 해주며, 만족스럽고 평화롭게 해주기를 바란다.

그러나 사람들이 원하는 것과 신의 뜻은 다르다. 적어도 처음에는 다르다. 왜냐하면 당신 가슴에 진정으로 필요한 것은 신의 뜻과 공명하지만, 당신의 가슴과 혼에 진정으로 필요한 것을 당신이 아직 자각하지 못할 수 있기 때문이다.

당신에게 깊은 정직이 있을 때 그런 자각이 일어날 것이다. 신은 앎의 힘을 주었으며, 사람들 개개인이 그 힘을 회복할 수 있도록 삶과 함께할 수 있는 길을 더불어 제공하였다. 앎의 힘은 실로 모든 사람에게 도움을 준다. 심지어 사악한 자에게도, 빈자 중 극빈자에게도 도움을 준다.

여기에는 영웅도 없고 마스터도 없다. 다만 앎으로 강한 사람들만이 있을 뿐이며, 그들이 앎의 은총과 힘을 세상에 드러내 보여줄 수 있다.

사람들이 생각하고 믿도록 길들여진 것과는 참으로 다른 말이지만, 생각과 믿음은 마음 표면에 있는 것이다. 당신의 참본성과 앎의 힘으로 들어가는 큰문은 그 표면 아래에 있다.

이 사실이 당신 삶에 얼마나 중요한지 당신은 아직 알지 못한다. 그래서 종교가 정말 무엇인지, 영성이 정말 무엇인지, 어떻게 해서 참된 영적 훈련이 모두 앎으로 가는 계단이 되는지, 이 계시에서 분명히 밝혀주어야 한다.

세상 종교는 의식과 전통, 해설과 오역으로 너무 뒤덮여 그곳에서는 앎으로 가는 계단을 찾기가 어렵다. 그래서 세상 종교가 대다수는 완고한 믿음을 갖게 되었고, 나머지는 그저 위안만 줄 뿐이다. 참된 힘은 위대한 스승과 현명한 안내자를 만나 내면에서만 찾을 수 있다.

그러나 지금은 때가 늦어 인류에게 이럴 시간이 없다. 이 일은 단순히 특정인들이 행하는 삶의 대탐험이 아니며, 전 인류 가족이 준비해야 하는 것이다. 그래서 다가오는 큰 변화에 가장 실용적이고 필수적인 방식으로 대비해야 한다. 변화는 이미 시작되었다. 해안에 밀려오고, 도시를 뒤덮으며, 국가들 사이 싸움을 불러일으키고, 하늘을 어둡게 만들고 있다. 또한 바다를 오염시키고, 사람들이 매일 의지하며 살아가야 하는 자원이 고갈되고 있다.

계시는 인류에게 공포심을 주려는 것이 아니라 힘을 주고자 내려준 것이다. 용기와 결단력, 자비와 관용을 주고자 하며, 앎의 힘을 주고자 한다. 그리고 당신의 진짜 힘과 온전함은 바로 이 앎의 힘에서 나온다.

세상은 변했지만, 사람들은 거기에 맞게 변하지 못했다. 큰물결이 다가오고 있지만, 사람들은 알지 못한다. 세상에 개입이 있지만, 사람들은 개입을 모르거나, 굉장히 좋은 일일 것으로 생각한다.

인류가 힘을 가지고 통합할 수 있도록 인류를 깨워 준비시키려면, 모든 생명의 창조주가 주는 계시가 있어야 할 것이다. 그래야 인류의 자유와 운명에 큰 도전이 되는 일에서 살아남을 수 있고 인류에게 위대한 미래가 있을 수 있다.

배워야 할 것도 많고, 한쪽에 치워둘 것도 많다. 의문을 가져야 할 것도 많고, 다시 생각해보아야 할 것도 많다. 이 모든 일이 신의 계시를 받아들이면서 생긴다. 계시를 받아들일 만큼 축복받은 사람에게 계시는 큰 도전이다.

당신은 세상에 메신저가 살아있는 동안 그의 말을 들어보고, 그의 말이 무엇을 뜻하고 이 시기에 그가 왜 세상에 왔는지 생각해보는 기회를 가졌다.

계시는 많은 사람에게 큰 충격이 될 것이다. 많은 사람이 계시에 저항하고, 많은 사람이 계시를 받아들일 것이다.

그러나 인류가 현재 어떤 처지에 놓여 있는지, 어떤 상황에 대비해야 하는지 깨달으려면, 큰 충격이 필요할 것이다. 계시의 충격이 필요하고, 미래의 충격이 필요할 것이다. 지금 이 순간의 상황이 필요하고, 자신이 이곳에 올 때 살고자 했던 삶을 살고 있지 않다는 자각이 필요할 것이다. 또한 당신 생각만으로는 큰 일을 준비할 수 없다는 자각이 필요하고, 하늘에서 당신에게 내려준 앎의 힘이 있어야 한다는 자각이 필요할 것이다.

계시가 의미하는 바가 이것이다. 이 계시는 관념을 말하는 것이 아니라, 체험을 말하며, 당신의 진짜 본성, 진짜 기원과 운명을 말한다.

이 계시에 당신 눈이 열리고 가슴이 열리기를 빈다. 당신이 다시 생각해볼 만큼 당신 사고가 유연해지기를 빈다. 당신 혼자서 만들 수 없는 큰 목적에 봉사하려고 당신이 이곳에 왔다는 것을 깨닫기를 빈다. 계시가 당신의 것이 되어 당신을 통해 다른 사람들에게 전해지기를 빈다. 메신저가 지구에 머무는 동안 인정받고 존경받기를 빈다. 지금 이 시대가 삶의 큰 목적과 방향을 찾고자 하는 당신에게 큰 축복을 주고 명료성과 용기를 주는 때이기를 빈다.

제 10 장

회 중

2013년 2월 16일
미국 콜로라도 보울더에서
마샬 비안 서머즈에게
계시되었다

오랜 기간 동안 이 세상을 지켜보았고, 지금도 지켜보고 있는 천사의 현존인 큰 회중이 있다.

그러나 이것은 과거 종교 서적에서나 사람들의 간증에서 이 위대한 존재들이 묘사된 방식인, 사람들의 개념이나 믿음과는 사뭇 다르다.

신은 세상을 관리하지 않는다. 신은 기후를 조절하지 않는다. 신은 당신 혈관의 피를 돌리지도 않고, 절벽 아래로 폭포수를 쏟지도 않으며, 땅속의 씨앗을 싹 틔우지도 않는다. 왜냐하면 그러한 것은 모두 태초에 돌아가도록 해놓았기 때문이다.

그러나 신은 역사에서 일어나는 혼란스럽고 비극적인 모든 만남과 사건들을 줄곧 지켜보도록 현존을 배정하였다. 그래서 그 현존은 큰 가능성을 보여주는 이들을 지켜보고, 인류 진화에서 중요한 전환점에 필요한 것들을 세상에 제공한다. 또한 인류의 의식을 바꾸고, 필요하면 긍정적인 방향으로 인류의 방향을 바꿀 수 있도록, 새로운 가르침과 새로운 이해를 제공하기 위해 그들 중 한 명을 세상에 보낸다.

위대한 메신저, 위대한 성인, 위대한 스승으로서 당신이 존경하는 예수, 붓다, 모하메드와 같은 이들은 이 회중에서 온다. 그러나 그들이 세상에 있을 때는 그들도 인간이다. 차이가 나는 것은 그들은 큰 사명을 띠고 왔으며, 자신을 파견한 이들에게 큰 책임을 진다는 점이다. 그들의 삶은 시련이며, 많은 부담을 떠안는다. 그들의 삶은 심약한 사람이나 이 땅에서 즐거움과 휴식을 구하는 사람들을 위한 그런 여행이 아니다.

회중은 참으로 진실한 요청을 기다리고 정직한 간청에 귀 기울이면서, 세상을 지켜본다. 특히 그 요청이 한 개인의 삶에서 전환점을 찍은 것인지, 또는 접촉을 바라는 마음이, 야심이나 어리석음, 실험 삼아 해보는 것이 아닌, 간절한 소망에서 나온 것인지를 지켜본다.

이 요청을 한다는 것은 깨어날 준비가 되었다는 신호이다. 무엇이 이 신호인지, 이 신호가 어떤 것처럼 들리고 무엇을 의미하는지, 또 이 신호를 어떻게 대해야 하는지, 이러한 것은 오직 하늘만이 안다.

이 땅에 있는 당신에게 회중은 하늘과 같다. 당신이 떠나온 곳이자 결국 되돌아갈 곳인 고향과 이 세상 사이를 이어주는 다리인 하늘과 같다.

이 세상 모든 이, 우주 모든 이, 즉 분리되어 물질계에서 사는 모든 이는 결국 고향으로 돌아갈 것이다.

그러나 이곳에 있는 동안에는 그들은 자신의 관념에 예속되어 있고, 자유가 매우 귀한 우주에서 자신의 문화와 국가에 예속되어 있다. 하지만 그들 각각은 큰 목적을 위해 이곳에 파견되었다. 즉, 알맞은 상황이 주어지고 그들이 정직하고 자각하게 되면, 큰 삶이 시작될 수 있는 잠재성과 가능성, 지혜의 씨앗인 큰 목적을 위해 이곳에 파견되었다.

우주에서 지각이 있는 존재가 진화했거나 이주했거나 식민지로 개척한 모든 세계에는 회중이 있을 것이다. 인구수나 자연, 문화조건, 국가에 따라 큰 회중이 있기도 하고 작은 회중이 있기도 할 것이다.

이것은 당신이 상상조차 할 수 없는 규모의 계획이다. 인류의 종교는 이 계획을 설명할 수 없다. 인류의 신학은 범위가 너무나도 제한되어 있어서 이런 규모의 것을 감당할 수 없다. 당신이 땅 위에서는 삶의 신호와 상징을 해석하려고 아무리 노력해도 해석할 수 없다. 이성은 이런 규모의 것을 해석하도록 창조된 것이 아니다.

그러나 당신 내면에는 신이 심어놓은 앎의 힘이 있다. 앎은 깊은 지성이자 깊은 마음이며, 바로 이 마음을 회중이 기다리고 있다. 왜냐하면 당신 내면에 있는 이 깊은 마음이 당신 삶과 상황의 맥락 안에서 드러나고, 그 마음을 당신이 인정하고 따르며 받아들일 수 있다면, 삶에서 새로운 여행을 시작할 것이기 때문이다. 오직 이것과 관련해서만 당신이 세상에서 새롭게 태어난다고 말할 수 있으며, 오직 이것과 관련해서만 세상에서 새롭게 태어나는 것이 참되고 의미 있으며 효과적일 것이다.

회중의 일원들은 세상에 큰 공헌을 하는 특정 개개인들에게 주의를 기울일 것이다. 하지만 그 개개인들 내면에 있는 앎이 메시지를 보낼 때만, 즉 회중이 기다리고 있는 메시지, 분리 속에서 사는 이들 가운데서 찾고 있는 메시지를 보낼 때만 그들에게 주의를 기울일 것이다.

신은 당신이 분리 속에 있는 것을 허용한다. 신은 당신이 고통받는 것을 허용한다. 신은 당신이 잘못하는 것을 허용한다. 왜냐하면 그것은 당신이 분리의 자유를 누리려고 분리를 선택했기 때문이다.

그러나 창조물에게는 실질적으로 달리 선택할 길이 있는 것이 아니므로, 이곳에서 당신 삶은 오로지 부분적으로만 진실이다. 이곳의 당신 삶은 여전히 창조물에 연결되어 있지만, 변하고 진화하는 환경이다. 즉, 당신 삶은 일시적이고 많은 것에 엄청나게 도전받는 위태로운 환경이며, 당신을 안내하는 앎이 없다면, 실수와 실패가 삶의 결과가 되는 환경이다.

신은 이런 일이 일어나는 것을 허용한다. 왜냐하면 당신은 자유롭도록 만들어졌기 때문이다. 당신에게는 실제 자신이 아닌 것이 되려고 시도하는 자유마저 있다.

당신은 그처럼 자유롭지만, 결코 분리에 성공할 수는 없다. 왜냐하면 앎이 당신 내면에 살고 있기 때문이다. 앎은 결코 신을 떠난 적이 없는 당신의 일부분이고, 창조주의 힘과 현존에 여전히 응답하는 당신의 일부분이다.

세상 종교의 가르침, 즉 창조와 관련된 이야기나 가르침, 그 밖의 수많은 관념을 생각해보고, 여기서 오늘 우리가 당신에게 들려주는 것들의 관점에서 그 가르침들을 숙고해보라. 우리는 당신 삶의 큰 그림을 주고 있다. 이 둘을 비교해보면, 당신은 큰 여행길에 올라야 한다는 것을 알기 시작할 것이다.

종교와 영성에 관한 당신의 기존 관념은 어느 수준까지만 당신에게 도움을 줄 수 있을 뿐이다. 그 수준을 넘어서면, 그 관념은 한쪽으로 제쳐 놓아야 한다. 왜냐하면 오직 신만이 되돌아가는 길을 알기 때문이다. 오직 신만이 당신의 참된 삶의 의미를 알며, 이 시기, 이 상황에 당신을 세상에 데려온 구체적인 목적을 안다.

이성은 결국 굴복해야 한다. 이성은 큰 현실에 귀 기울일 때만 따를 수 있다. 큰 현실에 귀 기울이려면, 겸손이 필요하며, 당신 내면에 살면서 근원에 유일하게 응답할 수 있는 힘과 현존에 오랜 기간 복종하는 것이 필요하다.

회중은 땅에서 모든 것이 일어나는 것을 허용한다. 그들의 현존이 필요하지 않거나 지극정성으로 요청받지 않으면, 그들은 간섭하지 않을 것이다. 그들은 새 메시지가 세상에 전해지기로 된 대전환기에만 인류에게 새로운 이해와 큰 자각을 제공할 것이다. 세상에 엄청나게 충격적인 변화에 대응하여 이런 것이 제공될 것이다. 이 때문에 큰 계시는 인류 문명의 진화에서 어떤 대전환기에만 전해진다. 이런 대전환기는 만들어낼 수도, 꾸며낼 수도 없다. 심지어 상상해볼 수도 없다. 물론 많은 사람이 상상해보려고 노력했지만, 그럴 수 있는 것이 아니다.

큰 종교들이 이런 것들을 기반으로 세워졌다. 하지만 바로 이런 것 때문에 그 종교들은 시초에 전수받은 계시의 정신을 따를 수 없었다. 앎이 없다면, 사람들이 이런 것들에 관하여 실수를 범할 것이고, 도중에 많은 잘못을 저지를 것임을 신은 안다. 이것이 분리 속에서 살아가는 환경이다.

일단 당신이 내면에 있는 앎의 힘과 현존을 발견하기 시작하면, 당신 내면에서 세속 마음과 큰 지성 사이의 분리가 점차 종식될 것이다. 즉, 당신 자신에 관한 세속 마음과 생각, 그리고 당신 내면에 사는 큰 지성, 당신이 세상에 오기 전에 가졌고 세상을 떠나면 곧장 재발견할 큰 지성 사이에 분리가 점차 종식될 것이다.

여기에는 단순히 복잡한 이론이나 철학이 아니라, 삶과의 큰 공명이 필요할 것이다. 천사의 회중은 이론이나 철학에 응답하지 않는다.

그러나 지구에서 오늘날 일어나고 있는 것과 같은 대전환점에서는 그들 구성원 중 한 명을 세상에 보낼 것이다. 그들 구성원 중 한 명이 파견되어, 메신저가 되는 고난을 받아들일 것이다. 큰 어려움, 큰 신비, 큰 불확실성을 받아들일 것이고, 또 메신저와 함께 머무는 큰 현존을 받아들일 것이다. 그 현존은 메신저가 자신의 큰 운명과 목적을 거의 알아차리지 못한 채로 부름을 처음 접할 때까지 성인이 되는 성장과정을 거치는 동안 함께 머물 것이다.

아무도 메신저의 삶을 이해하지 못하겠지만, 누구나 메신저의 선물을 받을 수 있다. 그리고 그의 선물은 어느 누가 세상에 줄 수 있는 선물보다 더 클 것이며, 어느 누가 창안할 수 있는 것보다 훨씬 더 오래가고 널리 퍼지고 강력하고 영감을 불어넣어 줄 것이다. 사람들이 정말 멋진 생각을 가질 수는 있겠지만, 그 생각이 가장 자연스럽고 아름다운 방식으로 다른 사람의 삶을 탈바꿈할 수는 없을 것이다.

삶을 탈바꿈할 수 있는 것은 하늘에서 와야 한다. 신의 뜻을 풀어내는 회중을 통해서 와야 한다. 왜냐하면 우주의 신은 이 세상에만 사로잡혀 있기에는 너무 크다. 신은 셀 수도 없이 많은 은하와 다른 차원을 아우른다. 또한 심지어 더 큰, 그래서 당신이 그 크기나 삶의 큰 포함을 결코 이해할 수 없을 만큼 아주 큰, 현시된 물질계 너머의 창조물도 아우른다.

수십억, 아니 그보다 훨씬 더 많은 종족의 주인은 지금까지 지구에서 창안된 모든 신학 이론을 당연히 뛰어넘는다. 그러나 그 신학 이론은 신의 새 계시의 일부이다. 왜냐하면 인류는 우주 큰공동체 삶으로 진입하고 있으며, 이제 훨씬 더 큰 그림에서 신을 생각하기 시작해야 하기 때문이다.

신이 지구에서 하고 있는 것을 이해하려면, 당신은 신이 우주에서 하고 있는 일을 이해해야 한다. 처음으로 이에 관한 계시가 우주의 문턱에 서 있는 인류, 지구 환경의 철저한 훼손으로 몰락과 재앙으로 자신을 몰고 가는 문턱에 서 있는 인류에게 전해지고 있다. 이것은 인류가 지금까지 접해본 것 중 가장 크고 가장 중대한 문턱이다.

모든 것은 변할 것이고, 심지어 이 순간에도 변하고 있다. 이런 대전환기가 있으므로, 신은 천사의 현존, 천사의 회중을 통해 세상을 위해 새 계시를 보냈다. 우주의 삶에 관한 계시와 모든 곳에서 신의 일에 관한 계시를 보냈다. 여기서 계시는 한 종족이나 한 지역에 기반을 두거나, 자연 현상 혹은 한 집단이나 한 국가의 한정된 역사에 기반을 둔 것이 아니라, 우주 모든 곳의 삶의 실상에 기반을 둔 것이다.

이 큰 그림은 당신 내면에 사는 힘과 현존을 자각할 수 있는 가장 큰 기회를 당신에게 주며, 이 자각을 돕는 데 당신 이성을 이용하도록 용기를 당신에게 준다. 왜냐하면 이성은 이것을 하도록 창조되었으며, 이성이 당신에게 하는 가장 큰 봉사가 이것이기 때문이다.

당신은 회중에 있는 이들의 이름을 알지 못할 것이다. 물론 그들은 어떤 사람에게 응답하는 것을 도우려고 어느 시점에 이름을 알려줄 수도 있다. 그들의 이름은 중요하지 않다. 왜냐하면 그들은 개개인이면서 동시에 하나이기 때문이다. 이러한 현상은 이 세상의 것들만을 생각할 수밖에 없는 당신의 이성으로는 이해할 수 없다.

큰 계시의 시대에 회중은 한 음성으로 말한다. 회중은 그 구성원 중 한 명을 통해 말하지만, 그들은 모두 함께 말한다. 이런 현상은 당신이 숙고해볼 수 있는 것이 아니다. 이것은 너무나 신기하고 경이적이며, 현실에 대한 당신의 개념을 완전히 넘어서 이야기한다. 당신은 우주 안의 개개인들만을 상상할 수밖에 없지만, 회중은 하나이고 다수이면서 또 하나이다. 왜냐하면 그들은 다수가 하나이고, 하나가 다수인 하늘에 매우 가까이 있기 때문이다.

삶에서 당신의 초점은 회중에 매혹되거나 집중하는 것이 아니다. 왜냐하면 그들의 목적은 당신이 당신 내면에 사는 앎을 회복하는 데 열중하도록 하는 것이기 때문이다.

당신은 선택하는 사람이 되어야 한다. 당신은 결과와 어려움을 직시하는 사람, 자신이 결정한 것의 축복을 받아들이는 사람이 되어야 한다. 당신은 큰 제의를 받아들이거나 거부하는 것을 선택해야 하는 사람이다. 그래서 당신이 하는 모든 것에 책임져야 하는 사람이다.

그러니 신이 당신에게 이것을 하라 저것을 하라고 안내하고 있다고 사람들에게 말하고 다니지 말라. 왜냐하면 그것은 무책임한 일이기 때문이다. 당신은 "나는 이 일을 해야 할 것 같아 이 일을 하고 있다."라고 말해야 한다. 당신은 확실히 아는 것이 아니므로, 다른 권위를 내세우지 말라.

앎이 내면에서 활성화되지 않아 아직 당신 삶에서 강력하게 드러나고 있지 않다면, 당신은 회중을 알 수 없으며, 당신 내면에 사는 현존의 힘도 알 수 없다. 당신의 천사 체험이 어떤 것이든, 사실이든 꾸며낸 것이든, 그 체험에 대해 로맨스를 만들지 말라. 왜냐하면 그 체험은 모두 당신 내면에 있는 앎의 출현에 관한 것이기 때문이다.

회중은 오직 여기에만 관심이 있다. 왜냐하면 앎이 출현하기 전까지는 당신은 신뢰할 만한 사람이 못 되기 때문이다. 당신은 책임을 질 수 없고, 용기가 없으며, 바탕이 없다. 당신은 여전히 세상의 설득이나 자신의 두려움과 선호에 쉽게 영향을 받는다. 당신은 너무 약하다.

이 때문에 당신은 회중만이 입문시킬 수 있는 큰 탈바꿈의 과정을 통해 자신의 내면에서 승화되어야 한다. 당신은 스스로 입문할 수 없다. 당신은 이십 년 동안 명상하고서도 앎의 힘과 현존을 모를 수 있다.

회중을 당신에게 오게 하는 것은 이제 가장 큰 힘·절박함·진정성이 담긴 당신의 기도이다. 당신은 혜택을 위해서나 단순히 해악에서 보호만을 위해 기도하는 것이 아니라, 복원되기를 기도해야 한다. 복원된다는 것이 무엇을 의미하는지도 모르고, 복원을 이해하려고 하지 않으며, 자신을 어떻게 정화하는지 안다고 생각하지 않으면서, 복원되기를 기도해야 한다. 오직 회중만이 당신을 어떻게 정화하는지 안다.

이 정화는 참으로 놀랄 만한 것이며, 모든 기적 중에 가장 큰 기적이다. 바로 이 기적이 다른 모든 기적을 낳는다.

신은 인류를 준비시키기 위해 세상에 새 메시지를 보냈다. 그래서 인류가 새로운 세계의 체험과 환경을 받아들이고, 인류 문명을 보존하고 통합하는 데 만나는 큰 도전에 부응하도록 하였다.

신은 인류를 준비시키기 위해 세상에 큰 계시를 보냈다. 그래서 인류 역사상 가장 큰 사건이자 인간가족에게 가장 큰 도전과 어려움과 기회를 주는, 우주의 삶과 접촉하는 일에 대비하도록 하였다.

메신저는 세상에 있다. 그는 계시를 받기 위해 오랜 기간 준비하였다. 왜냐하면 이것은 인류에게 지금까지 전해진 계시 중 가장 방대한 것이기 때문이다. 지금 이 계시는 교육받은 세상, 문맹에서 벗어난 세상, 국제통신이 가능한 세상, 어느 정도 국제적 인식이 가능한 세상에 전해지고 있다.

전 세계에 메시지가 동시에 전해지는 것은 역사상 처음 있는 일이다. 왜냐하면 이 메시지는 짧은 기간에 세상에 퍼져야 하기 때문이다. 그래서 인류가 세상에 다가오는 변화의 큰물결을 준비해야 하고, 우주 지적 생명체와의 만남, 이미 세상에서 일어나고 있는 이 만남에 대비해야 한다.

신의 과거 메시지 중 그 어떤 것도 이 일들에 대해 당신을 준비시킬 수 없다. 왜냐하면 과거 메시지들은 이런 목적을 지니지도 않았고, 또 그렇게 설계되지도 않았기 때문이다. 과거 메시지들은 인류가 이 세상에서 더 크게 통합하고 더 큰 힘을 가지도록 안내할 수 있는 인간의 의식과 인류 문명, 인간의 양심과 윤리를 확립하기 위해 전해졌다.

인류 문명은 만들어졌지만, 타락과 분열과 오류로 가득 차 있어 매우 불완전하다. 그럼에도 인류에게는 큰 가능성이 있다. 만약 당신이 지구 주변 우주의 삶이 어떤 것인지 안다면, 이 큰 가능성을 보겠지만, 아직은 그럴 수 없다. 당신은 이러한 것을 볼 수 있는 자리에 있지 않다. 하지만 회중은 당연히 이러한 것을 보고 있다. 그래서 이 큰 문턱을 넘어서도록 준비시키기 위해 지구에 아주 중요한 것이 전해지고 있다. 계시의 과정을 통해 지금 매우 많은 것이 전해지고 있다.

메신저는 과거 모든 메신저가 겪은 똑같은 어려움인 불신, 적의, 거부, 비웃음 등 큰 어려움에 맞서고 있다.

사람들은 세상에서 가장 큰 사건이 그들 한가운데서 일어나고 있는 것을 볼 수 없다. 그들은 이 사건을 자신의 관념에 어긋나거나 자신의 믿음에 도전이라고 생각한다. 또한 이 사건이 세상에서 자신의 부와 권력을 약화시키고, 자신의 위신을 떨어뜨린다고 생각한다. 하지만 이 사건은 사실상 그들이 받을 수 있는 복원의 가장 큰 가능성을 제공하고, 많은 점에서 과거와는 다른 미래를 위해 가장 큰 준비를 제공한다.

회중은 메신저를 지켜보고 안내한다. 왜냐하면 세상에서 그의 중요성이 과소평가되어서도 안 되며, 과대평가되어서도 안 되기 때문이다. 회중은 세상에 계시를 전하기 위해 그를 통해 말할 것이다. 메시지가 무엇보다도 중요하므로 그들은 한 음성으로 말할 것이다.

충분히 많은 사람이 이 메시지를 알아차리고, 충분히 많은 사람이 이 메시지에 주의를 기울여 따른다면, 인류는 미래를 위한 새로운 기반을 다지기 위해 분열에서, 그리고 끝없는 갈등과 전쟁에서 빠져나올 힘을 가질 것이다.

계시는 인류를 위해 이런 큰 세상으로 나갈 수 있는 비전을 주었지만, 그 세상은 매우 다른 세상이 될 것이다. 강력한 세력들이 있는 우주, 자유가 희귀한 우주에서 이런 큰 세상을 만들어 유지하려면, 큰 힘·용기·정직이 필요할 것이다. 오직 신만이 어떻게 이것을 해낼 수 있는지 안다. 오직 회중만이 이러한 것들을 이해한다.

지금 당신이 해야 할 일은 삶 속에서 참된 기반을 찾을 수 있도록 앞으로 가는 계단을 받아들여 밟아가는 법을 배우는 것이다. 또한 자신의 관념에 도전하는 법, 진퇴양난에 빠진 과거 문제를 해결하는 법, 자신과 남들을 용서하는 법, 거부나 비난 없이 세상을 바라보는 법을 배우는 것이다. 왜냐하면 결국 당신의 큰 선물과 큰 역할을 당신에게서 불러낼 것이 바로 이 세상이기 때문이다.

버려야 할, 잘못 배운 것이 대단히 많고, 다시 생각해보아야 할 것이 대단히 많다. 이런 것을 배우려면, 당신은 충분히 겸손해야 한다. 만약 당신이 진리를 알고 있다고 생각하거나, 신의 뜻을 알고 있다고 생각하거나, 또 우주가 어떤 것인지 알고 있다고 생각한다면, 진리를 발견할 가능성은 매우 적을 것이다.

회중은 세상을 지켜본다. 회중을 부르라. 건성으로 부르면 안 된다. 그러면 그들이 듣지 못할 것이다. 당신의 야심이나 꿈, 환상을 실현하기 위해 부르면 안 된다. 그러면 그들이 듣지 못할 것이다. 당신은 가슴과 혼으로 기도해야 한다. 당신의 음성은 오직 이때만 그들에게 닿을 것이다. 왜냐하면 그들은 오직 진실하고 정직하고 순수한 것만 알기 때문이다.

그들은 조종당할 수 없고, 오염될 수 없으며, 매수당할 수 없다. 당신은 그들과 거래할 수 없다. 당신은 결국 그들의 조언을 받아들일 수 있을 만큼 힘이 있어야 하고, 타협하거나 오염시키지 않고 그 조언을 실행에 옮겨야 한다. 당신은 이만큼 강해져야 할 것이고, 그래야 세상에서 선한 큰 세력의 일부가 될 것이다.

사람들은 "오, 이것은 내가 고려해보기에는 너무 지나쳐. 도전이 너무 커." 라고 생각할 것이다. 그러나 그렇지 않다는 것을 우리는 단언한다. 이것은 당신의 본질에 어울리고, 당신이 세상에 온 이유에 합당하며, 당신을 이곳에 파견한 이들에게 맞는 것이다. 당신은 자신을 매우 비하하는 방식으로 생각한다. 당신이 이처럼 생각한다면, 처량한 상태까지 품위를 잃게 된다. 당신은 내면의 앎만이 제공할 수 있는 자신의 힘이나 목적을 알지 못한다.

회중은 신이 이 순간 세상에 보내고 있는 메시지에 응답할 수 있는 이들을 지켜보고 기다리고 있다. 왜냐하면 메신저는 지금 계시를 말하고 선언하고 가르치기 위해 전면에 나서고 있기 때문이다. 그는 메시지가 완성될 때까지 오랫동안 전면에 나서는 것을 허락받지 않았다. 이제 메시지는 완성되었다. 그리고 세상에는 이 메시지가 절실히 필요하며, 당신이 이 순간 알아차릴 수 있는 것보다 훨씬 더 절실히 필요하다.

메신저는 회중을 대표한다. 하지만 그는 한 인간이며, 모든 인간은 불완전하니 그도 불완전하다. 그는 잘못을 범했다. 하지만 모든 위대한 메신저 또한 잘못을 범했다.

그의 힘이자 그의 기치이고 그의 방패인 것은 바로 그의 내면에 있는 하늘의 힘이다. 당신은 그의 몸은 죽일 수 있지만, 그의 메시지는 없앨 수 없다. 또한 그가 세상에 가지고 오는 것을 없앨 수 없고, 그를 이곳에 파견한 힘과 현존, 당신이 응답하기를 기다리는 힘과 현존을 없앨 수 없다.

이제 선물은 당신 앞에 놓여 있고, 하늘은 지켜보며 기다리고 있다. 받아들일 수 있는 이들, 알아차릴 수 있는 이들, 앎으로 가는 계단을 밟을 수 있는 이들, 그래서 하루하루 점점 더 어둠과 불확실성이 더 커지는 세상에서 큰 삶을 선물로 받아들일 수 있는 이들을 만나기를 기다리고 있다.

제 11 장

세상을 위한 신의 새 메시지

2011년 2월 28일
미국 콜로라도 보울더에서
마샬 비안 서머즈에게
계시되었다

지금은 신의 새 메시지를 받아들일 때이다. 지금은 선물과 힘과 축복을 받아들일 때이다. 지금은 신이 오랜 침묵 끝에 다시 말했다는 것을 알아차릴 때이다.

왜냐하면 인류는 이제 환경과 경제와 사회가 크게 변하는 변화의 큰물결에 직면하고 있기 때문이다. 인류는 가장 큰 도전과 가장 어려운 장애에 직면하고 있으며, 통합하고 협동해야 하는 가장 절실한 요구에 직면하고 있다.

그러니 새 메시지를 받아들여 매우 진지하게 숙고해보라. 새 메시지를 연구 대상으로 삼고, 새 메시지에 역점을 두라. 새 메시지를 비난하거나 반박하지 말라. 그러지 않으면 새 메시지가 주는 권한과 은총, 지혜와 힘을 받을 수 없을 것이다.

이제 대전환점에 들어서는 세상, 서서히 진행되는 식수 고갈로 점점 더 많은 사람이 식수난을 겪게 될 세상을 보라. 단순히 코앞의 미래만 보지 말고, 수평선 저 너머를 바라보라. 그러면 그곳에서 큰물결이 형성되고 있는 것을 볼 것이다. 또한 인류가 변하여 새로운 환경에 적응해야 한다는 것을 볼 것이고, 오랫동안 무시하고 짓밟아온 자연에서 이제 새로운 방식으로 살아가야 한다는 것을 알 것이다.

지금은 대청산기이고, 대결산기이다. 이 시기는 인류의 종말이 아니라, 대전환점이다. 이 시기는 새로운 시작, 피할 수도, 무시할 수도 없는 새로운 시작이다.

어리석은 사람들은 계속 우길 것이고, 앞을 못 보는 사람들은 여전히 미래가 과거와 같을 것으로 생각할 것이다. 알지 못하는 사람들은 무엇이 세상에 필요한지 안다고 주장할 것이다.

더할 나위 없이 훌륭한 견해나 정확한 이론이 있다 하더라도, 새 계시는 있어야 한다. 그렇지 않으면, 그 장애는 너무나 크고 강력할 것이며, 그 위험은 대응하기 힘들 만큼 클 것이다. 또한 인간 정신은 너무 허약하고 분산될 것이며, 국가들은 너무나 분열되어 자기 잇속만 차리고 다투기만 할 것이다.

지금은 인류가 세상에서 자신의 위치를 다시 생각해보아야 할 때이며, 우선순위를 성장과 확장에서 세상의 안녕과 세상 사람들을 위해 안정과 안보로 바꾸어야 할 때이다.

지금은 통찰력이 필요한 때이고, 자신의 이론과 믿음체계 위에 자신의 경력을 쌓은 사람들이 어려움을 겪는 때이며, 어린 아이들의 안녕을 당연한 일로 받아들이기보다는 심각하게 숙고해보아야 할 때이다. 또한 지구 자원을 단순히 낭비하고 남용하기보다는 보존해야 할 때이고, 빈곤국의 결핍이 강대국의 안녕에 곧바로 영향을 미치게 될 때이며, 인간가족을 지탱시켜줄 수 있는 기본체제를 구축하기 위해 끝없는 투쟁을 종식해야 할 때이다.

국가들은 협력해야 할 것이다. 그러지 않으면 점점 더 위태롭게 되고 위험에 빠질 것이다. 자원은 계속해서 더 비싸지고 구하기 어려워질 것이며, 식량 생산은 감소할 것이다. 기후는 변하고 있다. 기술만으로는 다가오는 많은 난국을 헤쳐나갈 수 없을 것이다.

그래서 새 계시, 신의 새 메시지가 있다. 왜냐하면 이미 진행되고 있고 더 크게 다가오는 변화의 망령에 인류는 예외적인 몇 사람을 제외하고는 충분히 응답할 수도 없었고, 하지도 않았기 때문이다.

그 응답은 그저 적응만의 문제가 아니며, 근본적인 변화의 문제이다. 즉, 가슴속의 변화, 접근하는 방법의 변화, 태도의 변화가 있어야 한다. 왜냐하면 전에는 되었던 것이 이제는 되지 않을 수 있고, 전에는 당연한 일로 여겨진 것이 효과도 없고 부적절한 것으로 드러날지도 모르기 때문이다. 모든 것을 다시 생각해보아야 할 것이다.

계시는 왜 이 말이 사실인지 밝혀 놓았으며, 볼 수 있는 이들이 이미 체험했고 지금 체험하고 있는 것에 관해 말했다. 계시는 지구상에 있는 모든 종교의 큰 진리와 공명하겠지만, 과거에 전혀 밝혀지지 않았던 것을 드러낼 것이다. 계시는 진리를 알기 위해 몸부림치는 개인들에게 주는 메시지이며, 변화의 큰물결을 눈앞에 두고 있는 세상 전체에 주는 메시지이다.

이것은 긍정적이냐 부정적이냐 하는 문제가 아니라, 볼 수 있느냐 없느냐, 보고 들을 수 있는 눈과 귀가 있느냐 없느냐 하는 문제이다. 이것은 정치적 성향이나 이념, 혹은 학파의 문제가 아니라, 일어나는 일들을 보고 응답할 수 있느냐 없느냐 하는 문제이다. 지금 일어나는 일들뿐만 아니라, 다가오는 일들과 당신이 가는 길목에 있는 일들을 보고 응답할 수 있어야 하고, 당신 발밑에서 변하고 있는 지구 상황, 이미 달라진 세상에 당신이 살면서 그 세상을 받아들이고 있을 만큼 변해 버린 지구 상황을 보고 응답할 수 있어야 한다.

이제는 당신의 부모나 조상이 살던 세상이 아니며, 문명이 건설되어 견고해진 과거 세상이 아니다. 또한 수세기에 걸쳐 인간의 이론과 철학이 진화해온 과거 세상이 아니다. 지금은 다른 세상이며, 훨씬 더 어렵고 불확실한 세상이다. 쇠퇴하는 세상, 변하는 세상, 심지어 과학으로도 제대로 이해할 수 없는 세상이며, 이것이 바로 현재 당신이 살고 있는 세상이다.

이 세상을 헤쳐 나가려면, 당신에게 큰 지성이 필요할 것이다. 또한 무엇을 해야 하는지 알려면, 개개인의 내면에 있는 앎의 힘이 필요할 것이다. 민족이나 국가들이 서로 간에 긴밀하게 협동해야 할 것이다. 그러지 않으면, 그 결과는 큰 재앙이 될 것이다.

새 메시지는 열쇠를 제공하고, 놓친 부분을 알려줄 것이다. 새 메시지는 모든 부분을 전부 다루지는 않을 것이며, 모든 문제를 해결하지도, 모든 의문에 대답하지도 않을 것이다. 당연히 이런 일들은 하지 않을 것이다. 그러나 새 메시지는 당신에게 삶에서 무엇이 더 중요하고, 미래에 무엇이 더 중요한지 알려줄 것이다. 또한 당신이 볼 수도 없고 아직 알지도 못하는 것을 준비할 수 있게 할 것이고, 당신에게 자신의 관념과 믿음들을 다시 생각해볼 힘을 줄 것이며, 통찰력을 되찾게 하여 그 통찰력으로 볼 수 있는 눈, 들을 수 있는 귀를 되찾게 해줄 것이다.

모든 사람이 전부 새 메시지를 받아들이지는 않을 것이고, 모든 사람이 전부 응답하지는 않을 것이며, 모든 사람이 전부 새 메시지를 배워서 지지하지는 않을 것이다. 당연히 모든 사람이 전부 그러지는 않겠지만, 많은 사람이 그리해야 할 것이다. 지도층에서, 민중들 사이에서, 각기 다른 국가나 다른 문화, 다른 종교에서 많은 사람이 받아들여 응답해야 할 것이다. 왜냐하면 이것은 세상을 위한 메시지이기 때문이다.

이 메시지는 한 국가를 위한 것도 아니며, 한 시대나 한 사건을 위한 것도 아니다. 또한 종교에 대한 반작용으로 나온 것도 아니고, 종교를 거부하거나 국가를 거부하는 것도 아니다. 새 메시지는 기존에 있는 것을 거부하는 것이 아니라, 경고이자 축복이며, 다른 세상에서 살아가고 진보하기 위한 준비이다.

당신은 이제 과거에 일어났던 것을 의지하며 살아갈 수 없다. 심지어 자연마저도 당신이 어떤 것들에는 의지할 수 없을 만큼 붕괴되었다. 국가들은 경제적으로 큰 어려움을 겪을 것이다. 성장이 있겠지만, 그저 일시적일 뿐일 것이다. 그리고 인류가 발전해나간다는 것은 감히 상상할 수도 없을 만큼 인간가족에게 필요한 것들이 인류의 역량을, 적어도 외관상으로는, 훨씬 뛰어넘을 것이다.

이것이 우선순위에 변화를 줄 것이다. 이제 안보는 단순히 다른 나라로부터 자기 나라를 지키는 것이 아니라, 많은 사람의 안정을 도모하는 것이 될 것이다. 모든 사람이 어느 정도는 여기에 참여해야 할 것이다. 이것은 단순히 정부나 통치의 문제가 아니라 전 세계가 풀어야 할 문제이다.

이 대전환기에 많은 사람이 목숨을 잃을 것이다. 그러나 그 수를 최소화할 수 있고, 비극을 완화할 수 있다. 인류가 변화의 큰물결에서 살아남아 새롭고 훨씬 더 협동하는 세상을 건설할 수 있는 자리에 서려면, 모든 사람이 참여해야 할 것이다. 이제 세상은 끝없는 성장과 확장에 기반을 두어서는 안 되며, 세상 사람들의 안정과 안보에 기반을 두어야 한다. 미래는 과거와는 매우 다를 것이며, 지금 눈앞에 보이는 세상과도 매우 다를 것이다.

오직 신만이 수평선 너머에서 오는 것을 알지만, 당신은 오늘도 내일도 그 다음 날도 계속 그 증거를 볼 수 있도록 볼 수 있는 눈과 들을 수 있는 귀를 받았다. 이는 당신에게 믿으라는 것이 아니며, 주의를 기울이고 마음을 맑게 하고 눈과 귀를 열라는 것이다. 당신들 중에 가장 못 배운 사람들도 바람이 변하고 있다는 것을 알 수 있지만, 전문가들은 끊임없이 과거 사실들만 가지고 토론하고 있다. 이것은 지적으로 뛰어나다고 해서 아는 문제가 아니며, 주의력과 맑은 마음, 통찰력과 분별력이 있느냐 하는 문제이다.

많은 사람이 보지 못할 것이고, 많은 사람이 부정할 것이며, 많은 사람이 현실을 회피할 것이다. 왜냐하면 이것이 인류의 가장 큰 약점 중의 하나이기 때문이다. 그러므로 강한 사람, 확실히 아는 사람, 볼 수 있는 사람, 변하는 세상에 봉사하기로 마음먹은 사람들이 미래에는 더더욱 중요할 것이다. 그들이 자신의 문화나 사회 안에서 맡고 있는 것이 어떤 위치냐는 무관하다.

바로 이 때문에 계시가 세상에 전해져야 했다. 계시는 인간의 창작물이 아니며, 한 사람의 생각이나 상상에서 나온 것이 아니다. 도저히 그럴 수는 없다. 계시는 오늘날 세상에 있는 종교적 사고를 바꾸는 것이 아니며, 완전히 새로운 것이다. 계시는 비난하기 위해 온 것이 아니며, 사람들을 교정하여 그들이 힘을 낼 수 있게 하려는 것이다. 이 계시는 세상을 위한 메시지이다.

하늘에 어둠이 점점 더 짙어지고 있다. 인류의 어려움이 커지고 있다. 큰 비전과 큰 헌신이 없다면, 정부는 이런 어려움 앞에서 아무 힘도 쓰지 못하게 될 것이다.

인류는 아직도 민족 중심의 원시 상태에서 빠져나와 세계 공동체로 들어가고 있는 중이다. 이런 전환은 매우 어렵고 위험하지만, 지적 생명체가 진화한 우주 모든 세상에서 이런 전환이 일어나는 것처럼, 인류에게도 일어나야 한다.

인류는 지금 이처럼 크고 어려운 전환점을 눈앞에 두고 있다. 호전적인 부족사회에서 세계 공동체로 가는 전환점, 즉 단순히 이념이 아니라 필요성에 기반을 둔 공동체, 내부 붕괴에서 지구를 보호하고 지키며, 우주 주변국의 개입에서 지구를 지키는 데 기반을 둔 공동체로 가는 전환점을 눈앞에 두고 있다.

세상은 당신이 지금 생각하는 것과는 다르지만, 자연의 법칙과 보조를 맞추어 왔다. 왜냐하면 자연의 법칙은 변하지 않았기 때문이다. 세상은 변했지만, 인류는 세상과 함께 변하지 않았다. 이제 인류는 새로운 영역, 낯설고 위험한 영역으로 들어가고 있다. 당신이 미래로 나아갈 때, 이 영역에서는 세심한 주의가 필요할 것이다.

무엇이 인간의 인식을 안내할 것인가? 무엇이 사람들의 결정에 영향을 줄 것인가? 바로 그 때문에 새 계시가 있으며, 이 계시는 작은 무리의 도움을 받은 한 남자에 의해 세상에 전해졌다. 그는 이 시대의 메신저이지만, 그에게 초능력을 기대하는 것은 맞지 않을 것이다. 그에게는 마법의 힘이 없을 것이고, 카리스마가 없을 것이다. 그는 즐겁게 해주지도 않을 것이다. 하지만 그는 메신저이며, 그의 삶은 바로 신의 새 메시지를 전하는 데 매개체가 되는 것이다.

그러니 받아들이고, 귀 기울이며, 마음을 열라. 이 큰 계시가 없다면, 당신은 미래를 헤쳐나갈 수 없으며, 준비되지 못할 것이다. 당신은 때맞추어 준비하지 못할 것이고, 다른 사람들이 응답하도록 설득할 수 없을 것이다.

신은 세상을 사랑하며, 중요한 전환점에서 인류에게 큰 가르침을 주었다. 그래서 인류가 문명을 확립하고, 사람들이 민족 정체성에서 벗어나며, 많은 비극과 실수에도 불구하고 문명이 진화하고 성장할 수 있도록 하였다.

이제 인류 문명은 세계 공동체로 옮겨 가고 있다. 왜냐하면 오직 이 길만이 미래로 향하는 인류를 준비시키고 보호할 것이기 때문이다. 지금은 건설적으로 생각이나마 할 수 있는 사람이 별로 없는 전환기이지만, 이것이 인류의 운명이다.

제 12 장

인류의 새로운 방향

2011년 4월 22일
미국 콜로라도 보울더에서
마샬 비안 서머즈에게
계시되었다

신은 인류를 전에는 한 번도 가본 적이 없는 새로운 방향으로 나아가게 하고 있다. 왜냐하면 세상은 변했으며, 인류는 우주의 큰공동체 삶에 직면하고 있기 때문이다. 즉, 큰 변화, 인류의 긴 진화과정에서 큰 문턱, 엄청난 격동과 불확실성의 시기, 인간가족에게 위험한 시기, 빠르게 전개되는 사건들이 잇따르게 될 시기를 눈앞에 두고 있기 때문이다.

신은 인류를 새로운 방향으로 나아가게 하고 있다. 즉, 지구를 지탱하게 해줄 수 있고 우주 삶의 현실과 맞닥뜨릴 수 있게 해주는 세계 공동체를 향해가는 방향으로 나아가게 하고 있다. 우주 삶의 현실은 인류에게 파고들 것이며, 심지어 지금 이 순간에도 파고들고 있다. 이것은 많은 사람이 느끼지만, 이해하지 못하는 큰 변화이다.

세상의 움직임은 더욱 빨라지고 있다. 사람들의 삶은 엄청난 환경 변화나 정치적·경제적 대격변에 압도될 것이다. 이 모든 것이 지금 진행 중이며, 이것은 완화할 수는 있어도 멈출 수는 없다. 여기에는 상당한 적응이 필요할 것이다.

인류 역사에서 이처럼 큰 문턱에 해당하는 시기에 새 계시는 세상에 전해졌고, 메신저는 이 계시를 받아 작성하여 보여주기 위해 세상에 파견되었다. 이것은 메신저에게 참으로 길고도 어려운 여행이다.

지금 인류에게 보내는 이 메시지는 대단하다. 과거 세상에 전해진 어느 메시지보다 더 포괄적이고 완전하다. 가르침과 해설을 완전하게 갖추어 메시지의 지혜와 앎이 바르게 인식되고 적용될 수 있도록 하였으며, 단순히 인간의 해석에 맡겨놓지 않았다.

사람들은 보지 못하고, 듣지 못하며, 자신에게 낯선 사람이 되었다. 사람들 대부분은 주위 상황을 알아차릴 수 있는 타고난 재능이 상실되었으며, 개발되지 않았다.

그래서 메신저의 일이 더 어렵다. 메신저는 신비를 전해야 한다. 왜냐하면 계시는 이성의 영역 너머에 있으며, 당연히 사람들의 기대나 믿음, 이해에 좌우되지 않기 때문이다.

신은 세상을 새로운 방향으로 나아가게 하고 있다. 이 방향은 태초에 예정된 것이었지만, 세상 사람들에게는 새로울 것이며, 당신의 이해에도 새로울 것이다.

창조주가 전하는 큰 계시는 항상 이와 같다. 큰 계시는 항상 새로운 현실과 새로운 의식, 새로운 차원, 더 큰 약속을 제시한다.

세상은 어둠이 짙어지고 있으며, 지금은 이 큰 약속이 필요하다. 창조주가 인간가족을 비롯하여 우주 모든 종족에게 내려준 큰 지성인 앎의 빛, 오직 이 빛이 있기 때문에 당신은 지금 파악할 수 있고 대응할 수 있다.

당신은 신의 계약조건에 따라 신에 복귀한다. 신의 메시지는 정확히 있는 그대로, 원래 의도된 대로 이해되어야 한다.

여기에는 많은 다툼과 논쟁이 있을 것이며, 메신저와 메신저를 따르는 이들은 이런 어려움과 좌절감을 감수해야 하고 엄청난 인내심을 발휘해야 할 것이다.

이런 계시는 처음에는 인정받지 못할 것이며, 오직 소수만이 온전히 응답할 수 있을 것이다. 하지만 시간이 더 가고 세상이 더욱 어지러워지면, 새 메시지는 훨씬 더 주목받을 것이고, 훨씬 더 타당성을 인정받을 것이다.

새 메시지는 당신이 심지어 묻지도 않은 질문에도 대답하고 있다. 새 메시지는 현재를 위한 해결책일 뿐만 아니라 미래를 위한 대비책이기도 하다.

철학자나 신학자는 새 메시지를 어떻게 해석해야 할지 알지 못할 것이다. 그들은 새 메시지로 곤혹스러워 할 것이다. 새 메시지는 그들이 엄청나게 투자하여 이해한 것과 맞지 않을 것이다. 종교 지도자들은 자신이 아직 알지 못한 현실을 새 메시지가 말하므로 여기에 맞서 싸울 것이다.

신은 인류를 새로운 방향으로 나아가게 하고 있다. 메신저는 계시를 전하기 위해 세상에 있다. 그가 계시를 받는 데는 몇십 년이 걸렸으며, 계시가 세상에서 인정받으려면 또 몇십 년이 걸릴 것이다.

문제는 시간이다. 인류에게는 새로운 세상을 준비하고 우주의 지적 생명체와 접촉을 준비하는 데 시간이 많지 않다. 음흉한 목적과 의도를 가진 접촉은 이미 진행되고 있다.

사람들은 자신의 요구나 문제, 자신이 동경하고 열망하는 것에 사로잡혀 있어 세상의 동향을 보지 못한다. 왜냐하면 세상은 변했지만, 사람들은 세상과 함께 변하지 않았기 때문이다. 이제 인류는 새로운 현실을 눈앞에 두고 있다.

사람들이 겁에 질리고, 미래에 대한 그들의 예언이 실현되지 않을 때, 그리고 그들의 구세주가 돌아오지 않고, 신이 그들 앞에 있는 이 모든 문제를 만들었다고 믿을 때, 신이 여기에 대고 무엇을 말하겠는가?

계시는 이 모든 것을 말하지만, 당신은 계시에 마음을 열어야 하고, 큰 변화의 가능성을 직시해야 한다. 왜냐하면 큰 변화는 이미 당신과 세상 속에 와 있고, 앞으로 계속 나아갈 것이기 때문이다.

인류는 수천 년 전으로 돌아가서 지금 일어나고 있는 것을 이해해보려고 할 수 없다. 왜냐하면 인류는 진화하여 새로운 위치, 즉 지구에서는 지배하는 위치이지만 우주에서는 대단히 취약한 위치로 이동하였기 때문이다.

인류 역사의 흐름을 바꾸고 모든 사람의 삶에 영향을 미칠 두 사건인 새로운 세상과 큰공동체 삶에 인류를 준비시키려면, 교육이 어디에서 시작되어야 할 것인가?

정부도 알지 못하고, 종교 지도자도 알지 못하며, 전문가도 알지 못한다. 대학은 사람들을 준비시킬 수 없다.

계시는 모든 생명의 창조주에게서 와야 하며, 지금 일어나고 있는 일이 바로 이것이다. 왜냐하면 당신은 지금 계시의 시대에 살고 있으며, 메신저가 지금 세상에 있기 때문이다. 메신저가 세상에 있는 동안에는, 받아들여 준비할 기회가 당신에게 있다. 그가 떠나고 나면, 상황은 달라질 것이다. 상황이 훨씬 더 어려워질 것이다. 이 점에서 그는 세상의 빛이다.

그는 겸손한 사람이며, 자신에게 할당된 역할인 메신저가 되는 것 말고는 달리 어떤 것도 요구하지 않는다. 그는 계시를 통해 새로운 세상에 인류를 준비시켜야 하고, 계시를 통해 큰공동체에 인류를 준비시켜야 한다. 또한 계시를 통해 지금 다가오고 있고 이미 어디에서나 볼 수 있는 큰 변화를 말해야 한다.

신은 인류를 새로운 방향으로 나아가게 하고 있다. 인류가 그 방향으로 갈 수 있는가? 사람들이 응답할 수 있는가? 당신은 응답할 수 있는가? 당신이 지금 계시의 시대에 살고 있다는 것을 받아들일 수 있는가? 또 이것이 당신 삶에 무엇을 의미하는지, 이것이 당신 앞에 가져온 도전을 깊이 생각해볼 수 있는가?

사람들은 자신의 삶과 형편이 세상의 상황과 동향에 따라 얼마나 많이 좌우되는지 알지 못한다. 오직 빈곤 국가에서만 이런 큰 현실이 상존한다. 부유 국가에서는 부를 이용하여 일정 기간 어느 정도 삶의 큰 현실과 단절되어 살아갈 수 있다. 하지만 그 부는 사라질 것이고, 그러면 이 큰 현실은 바로 밀어닥칠 것이다.

인류가 어떻게 대응하고 준비하느냐에 따라 모든 것이 달라질 것이다. 무엇이 개개인들의 결정에 영향을 주느냐에 따라 모든 것이 달라질 것이다. 개개인들이 어떤 음성에 귀 기울일 것인가? 신이 그들 자신을 안내하고 보호하기 위해 준 앎의 힘과 현존에 귀 기울일 것인가? 아니면, 자신의 문화에서 말하는 음성이나 두려움의 음성, 분노나 야망의 음성에 귀 기울일 것인가?

이러한 선택들은 개개인들에게 대단히 중요한 것이며, 개개인들이 어떻게 결정하느냐에 따라 인류의 운명과 미래가 판가름날 것이다. 그러므로 책임은 지도자나 기관에만 있는 것이 아니고, 모든 사람에게 있다.

그래서 신은 새 메시지를 국가 지도자들에게 전하지 않고 사람들에게 전하고 있다. 왜냐하면 지도자는 자유롭지 않기 때문이다. 지도자들은 자신의 지위에 매여 있고, 자신을 선출해준 사람들이나 다른 사람들의 기대에 매여 있다. 그래서 계시가 당신과 사람들에게 오고 있다. 모든 것을 달라지게 할 것은 바로 사람들의 결정과 결심이다.

사람들은 많은 것을 원하며, 자신이 가진 것을 잃고 싶어 하지 않는다. 그들은 이 순간에 사로잡혀 있으며, 자신의 삶이 어디로 가는지 볼 수 있는 눈이 없다.

계시는 사람들 개개인에게 큰 충격이고 큰 도전이지만, 이 충격과 도전은 계시에서 오는 충격이다. 이 도전은 창조주의 뜻에 직면하는 것이다. 당신이 응답할 수 있느냐, 어떻게 응답할 것이냐가 이 도전이다.

당신은 지금처럼 살아갈 수 없다. 왜냐하면 세상은 변했고, 또 더 변할 것이기 때문이다. 세상은 달라지고 있으니, 당신도 세상과 함께 달라져야 한다. 당신이 이처럼 달라질 때, 삶과 조화를 이루고, 고립에서 빠져나오며, 다른 곳에 마음을 뺏기거나 집착하는 데서 벗어난다. 그리고 귀 기울이는 법, 바라보는 법을 배우고, 제대로 볼 수 있도록 마음을 고요히 하는 법을 배운다. 또한 자신의 현재 상황을 이해할 수 있도록 불만을 거두어들이고, 신의 현존과 힘이 당신을 통해 말하고 당신에게 말할 수 있도록 앎으로 가는 계단을 밟는다.

이처럼 계시는 인류를 새로운 방향으로 데려가고 있다. 사람들은 기꺼이 가려고 할 것인가? 아니면 뒤에 남아 있을 것인가? 그래서 큰물결이 힘을 축적할 때, 해변에서 잠자고 있다가 변화의 큰물결을 맞이할 것인가? "모든 것이 잘 될 거야."라고 생각하면서 바닷가에서 살 것인가? 세상의 신호에 응답할 수 없는 상태에서 그 순간만을 즐길 것인가? 아니면 삶의 현실과 조화를 이루지 못한 가정들을 하면서 살아갈 것인가?

누가 응답할 것인가? 누가 귀를 기울이고, 앞을 바라볼 것인가? 누가 중요한 것을 보고 듣고 알기 위해 자신의 관념이나 믿음, 선호를 멀리 제쳐놓을 것인가?

메신저가 당신에게 바로 이것을 요청할 것이다. 계시에 필요한 것이 바로 이것이다. 새로운 세상을 살아가는 데 필요한 것이 바로 이것이다. 지적 생명체가 사는 큰공동체에 진입하는 데 필요한 것이 바로 이것이다.

인류는 어리석고 어설프게 굴며, 무지하고 냉담할 것인가? 또한 큰 지성을 알아보지도 활용하지도 못할 것인가? 이러한 것들이 인류가 물어야 할 질문들이다. 이에 대한 답은 그 상황이 아직 현실화되지 않았으므로 분명하지 않다. 인간가족은 아직 진짜 시험대에 오르지 않았다.

그러나 모든 생명의 창조주는 지구를 사랑하고 인류를 사랑한다. 그리고 각 개인들을 복원하여 그들이 힘과 온전함을 회복하고 수평선 위로 지금 부상하는 삶의 큰 도전에 대처할 수 있도록 세상에 복원의 힘을 보냈다.

신은 인류를 새로운 방향으로 나아가게 하고 있다. 지금은 준비해야 할 때이며, 계시를 받아들이고 지지해야 할 때이다.

사람들은 불평하고, 저항하며, 이의를 제기할 것이다. 또한 메신저를 비난하고, 계시를 비난할 것이다. 사람들은 응답할 수도 없고, 자신의 삶이나 관념을 다시 생각해볼 마음도 없으니, 저항할 것이다.

계시의 시대는 항상 이런 일이 일어난다. 과거에 엄청난 투자를 한 사람들은 새로운 세상에 저항할 것이고, 새로운 세상과 관련된 모든 것에 저항할 것이다. 그들은 볼 수 없고, 알지 못할 것이다. 그들에게는 자신의 위치를 다시 생각해볼 용기가 없고, 계시 앞에 서는 겸손함이 없다.

신이 그들을 위해 무엇을 할 수 있겠는가? 그들은 창조주에게 많은 것을 요구했지만, 창조주의 응답에 응답할 수 없다. 신이 그들을 위해 무엇을 할 수 있겠는가?

첫 번째로 응답하는 사람들 속에 있으라. 그리하여 삶의 큰 선물을 내놓을 기반을 마련하여 당신 살아생전에 세상에 베풀 기회를 가질 수 있게 하라.

이것이 계시의 힘이며, 그 힘은 인류에게 절실히 필요한 지혜와 앎을 발현시켜 이제 과거와는 전혀 다른 미래를 준비하게 한다.

축복은 당신과 함께 있다. 복원의 힘은 당신 안에 있는 앎 안에 있다. 하지만 무엇이 이 앎에 불을 붙이어 밖으로 불러낼 수 있는가? 그래서 당신이 앎에 접근하여 앎을 이해하고 잘 따를 수 있게 해줄 것인가?

이것은 신이 불을 붙여주어야 한다. 그래서 계시가 세상에 내려와 새로운 세상을 준비하고, 아직 알아차리지도 이루어지지도 않은 우주에서의 인류 운명을 준비하는 데서 개개인들의 큰 복원이 일어날 수 있게 하였다.

지금은 응답할 때이고, 자신에게 정말 정직해야 할 때이다. 자신의 삶을 선호나 두려움이 아니라 내면의 참된 인식에 기반을 두고 정직해야 할 때이다.

계시를 받아들이면, 계시는 이런 깊은 정직으로 응답하는지 당신을 시험할 것이다. 계시를 받아들이면, 계시는 이런 깊은 정직으로 당신을 시험할 것이다. 이것은 당신 삶에서 가장 큰 시험이자 도전이고, 가장 중요한 시험이자 도전이다. 이것은 당신 삶에서 가장 큰 사건이다.

신은 인류를 새로운 방향으로 나아가게 하고 있다.

제 13 장

세상은 신의 새 메시지를 받아들여야 한다

2015년 1월 1일
이집트 알렉산드리아에서
마샬 비안 서머즈에게
계시되었다

신은 세상에 무엇이 다가오는지 안다. 신은 세상과 세상 사람들의 상황을 안다. 그리고 이 세상을 감독하는 천사들의 현존은 매 순간 지켜보고 있다.

지금 이 순간이나 다가오는 미래에 당신에게 더 절실히 필요한 것이 무엇인지 당신을 지켜보는 이들에게는 모든 것이 다 드러나 있다.

당신은 자신을 제대로 알지 못하니, 이러한 것들을 볼 수 없다. 당신은 자신이 세상에 왜 파견되었는지, 지금 이 순간 어디에 있어야 하는지, 왜 그곳에 있지 않은지 알지 못한다. 당신은 수평선 저 멀리서 당신을 향해 무엇이 다가오는지 알지 못한다. 하지만 당신을 지켜보는 이들과 우주의 주인은 이러한 것들을 안다.

사람들은 자신의 믿음과 가정에 얽매여 있다. 또한 과거 종교들이 해석한 것에 얽매여 있으며, 그래서 그들은 인류의 보호와 진보를 위해 신이 다시 말했다는 것을 이해하기가 훨씬 더 어렵다.

인류에게 절실히 필요하고 큰 기회가 있는 시기에 전해진 위대한 메시지 안에 신이 지금까지 세상에 전한 것은 모두 인류의 진보와 보호를 위한 것이었다.

인류의 자유와 주권에 많은 위협이 있는 곳인 큰공동체 삶, 그 삶 속에 포함된 세상에서 살고 있다는 것을 당신은 깨닫지 못하고 있다. 당신은 자신의 삶의 큰 그림도 보지 못하고, 왜 이 시기에 이런 상황에서 세상에 봉사하려고 이곳에 파견되었는지도 모른다. 하지만 하늘은 분리 상태에서 살고 있는 당신이 보지 못하는 이런 것들을 볼 수 있다.

당신은 자신의 가정·믿음·태도, 또 다른 사람에 대한 비난으로 더욱 눈이 멀어 있다.

사람들은 그 순간만을 위해 산다. 그들은 미래를 위해서도 준비해야 한다는 것을 잊었다. 지구상에서 지능을 가진 모든 생명체처럼, 사람들도 이 두 가지를 모두 다 해야 한다.

하지만 신은 무엇이 다가오는지 안다. 신은 인류에게 지금 무엇이 필요한지 안다. 신은 당신이 이곳에 온 큰 목적을 알아차리기 위해 한 개인으로서 당신에게 무엇이 있어야 하는지 알며, 당신이 왜 이곳에 파견되었고 무엇을 이곳에서 성취해야 하는지 안다. 이것은 당신이 이해할 수 있는 것이 아니다.

왜냐하면 당신의 이성은 이런 특성의 큰 것들을 담을 만큼 크지 않기 때문이다. 이성은 변하는 상황에서 세상을 헤쳐나가는 데에는 완벽한 메커니즘이지만, 시공을 초월하는 당신 삶을 이해할 수도 없고, 당신을 인도하고 이곳에 파견한 큰 세력, 당신을 위해 당신이 이곳에 있는 큰 목적을 담고 있는 큰 세력을 이해할 수도 없다.

이제 신이 다시 말했다. 그리하여 인간가족에게 이전에 보낸 어떤 것보다 더 크고 광범위한 계시를 전하고 있다. 이 계시가 전해지는 지금은 문맹에서 벗어나 국제통신이 가능하고, 국제적 인식이 커지는 세상이며, 인간의 무지·탐욕·타락에서 초래된 자원감소, 환경악화, 기후변화 등으로 세상이 쇠퇴의 길로 들어선 시기이다.

그래서 지금 인류는 지구 지형을 바꿀 수 있는 급격한 변화로 들어서는 문턱 위에서 눈을 감고 서 있다. 이것은 지금까지 인간가족 전체가 겪은 것 중 가장 큰 변화이다.

하지만 사람들은 지금 이 순간만을 즐기며 살고 있어, 세상이 보내는 신호를 보지 못한다. 사람들은 자신의 내면에서 주의를 주고 경고하는 신호를 듣지 못하며, 멈추라고 말하고 다시 생각해보라고 말하는 신호를 듣지 못한다. 이 신호를 들을 때, 그들은 보이는 순간, 명백해지는 순간을 맞이할 수 있고, 그들 내면에 신이 심어 놓은 큰 음성인 앎의 음성이 들리는 순간을 맞이할 수 있다.

앎의 음성은 표면 마음 아래 저 깊은 곳에서 나온다. 그 음성은 당신이 세상에서 큰 봉사를 하도록 준비시키려고, 또 기념비적인 변화와 격변의 세상에 대비하게 하려고 당신을 어딘가로 데려가려고 하고 있다.

신이 이제 온 세상에 말했다. 한 지역이나 한 종교, 작은 한 그룹이나 일부 지식층에만 말한 것이 아니라, 모든 사회, 모든 사회계층에 있는 모든 사람에게 말했다.

왜냐하면 세상은 신의 새 계시를 들어야 하기 때문이다. 그러지 않으면 세상은 이제 막 체험하기 시작한 새로운 세계, 위대한 미래를 준비하지 못할 것이다. 또한 끝없는 갈등을 종식하는 것이 아니라, 더욱더 어둠과 혼란으로 인류를 몰아넣으며 더욱더 나락으로 떨어질 것이다.

세상은 신의 새 계시를 들어야 한다. 왜냐하면 과거 큰 종교들은 진화의 이 큰 문턱에 대비해 인류를 준비시키도록 되어 있는 것이 아니기 때문이다. 과거 큰 종교들은 지적 생명체로 가득 찬 우주에 대비해 인류를 준비시킬 수 없으며, 쇠퇴하는 세상, 당신이 지금 보고 아는 모든 것을 바꿀 세상에 대비해 인류를 준비시킬 수 없다.

과거 큰 종교들은 인류 문명을 건설하고, 진정한 인도주의와 참된 인간의 윤리, 고귀한 원칙을 구축하고 보강하기 위해 역사상 다른 시기에 주어졌다. 비록 많은 사람이 이러한 것들을 따를 수 없었지만, 이것들은 확립되어야 했다. 그러지 않으면 인류는 원시적이고 폭력적인 종족이 되었을 것이고, 척박하고 황폐한 행성들로 가득 찬 우주에서 보기 드물게 아름다운 지구를 망가뜨리면서 자멸하는 종족이 되었을 것이다.

세상은 신의 새 계시를 들어야 한다. 왜냐하면 새 계시만이 당신의 미래와 안전을 보장하는 열쇠, 인류가 통합하고 목적을 가지고 협동하도록 이끄는 열쇠를 쥐고 있기 때문이다. 이러한 것들에 충분히 가치를 두는 사람이 세상에는 너무 적어 지금 이 순간에도 당신이 표시하고 있는 방향을 변경할 수 없다. 방향을 변경할 수 있는 열쇠는 당신의 근원, 모든 생명의 창조주, 모든 것의 창조주인 신에게서 와야 한다.

하지만 당신은 새로운 귀로 들어야 하고, 열린 가슴으로 귀 기울여야 한다. 만약 듣기를 거부한다면, 당신은 자신이 찬양하고 믿는다고 주장하는 신을 거부하는 것이고, 신의 계획이 역사상 한 시기에 전해진 단 하나의 계시보다 더 크다는 것을 자각하기를 거부하는 것이다.

왜냐하면 모든 메신저는 천사의 회중에서 왔으며, 그들 모두 인류를 위한 큰 계획, 즉 인류 문명을 건설하고, 인류가 더욱 통합하고 협동하게 하며, 아름다운 지구를 강탈하여 완전 붕괴 상태로 빠뜨리지 않고 지혜와 과학기술을 통해 보존하는 법을 인류에게 가르치는 큰 계획에 봉사하고 있기 때문이다.

이것이 큰 계획이다. 심지어 처음부터 큰 계획은 우주의 삶인 큰공동체에서 인류 미래를 위해 인류를 준비시키기 위한 것이었다. 하지만 인류는 먼저 독자 생존이 가능한 문명을 세워야 한다. 또한 자유 행성이 되고, 자유가 매우 희귀한 우주에서 어떤 자유를 누리려면, 더 높은 수준의 윤리와 원칙이 인류에게 있어야 한다.

큰 계획은 항상 그곳에 있었으며, 변하지 않았다. 단지 변하는 상황과 바뀌는 큰 기회의 순간에 맞추어 조정되었을 뿐이다.

이 순간만을 즐기며 사는 당신, 자신이 이해하지 못하는 세상에 갇혀 있는 당신은 이것을 볼 수 없으며, 자신의 생각·믿음·주장 속에서 살지만, 자신과 함께 머무는, 자신의 근원이자 목적이고 운명인 큰 현존을 아직 느낄 수 없는 당신은 이것을 볼 수 없다.

세상은 신의 새 계시를 들어야 한다. 왜냐하면 신만이 다가오고 있는 것을 알기 때문이다. 신만이 어떻게 당신이 준비할 수 있는지 알고, 신만이 당신이 자신을 이해하는 것보다 당신을 더 잘 이해한다. 또한 신만이 인류의 진짜 상황이 어떠한지, 인류가 내부에서의 붕괴와 외부에서 오는 이들에게 종속되는 위험에서 자신을 구하기 위해 무엇을 해야 하는지 안다.

당신이 믿는 경전 뒤에 서서 이것을 부정하지 말라. 왜냐하면 이것은 신이 세상에서 후속 조치로 하는 일이기 때문이다. 이것이 모하메드, 예수, 붓다가 한 일을 실현하고, 그 밖의 다른 모든 위대한 스승들, 즉 이 지구 역사에서 알려진 인물이든 알려지지 않은 인물이든, 인정받았든 인정받지 못했든, 심지어 완전하게 소재를 파악할 수조차 없는 인물이든, 이들 모두가 한 일을 실현한다.

오만하거나 어리석게 굴지 말라. 그러지 않으면 당신은 다가오는 변화의 큰물결에 직면하여 몰락할 것이고, 지적 생명체로 이루어진 우주와의 접촉에 대비하지 못할 것이다. 이 접촉은 나약하고 아무것도 모르는 인류를 이용하려고 이곳에 온 세력들에 의해 이미 일어나고 있다.

그 위험은 나날이 커지고 있다. 큰 어둠이 세상에 있다.

인류는 자제할 수도 없고, 방향을 변경할 수도 없으며, 모든 곳에서 사람들에게 절실히 필요한 것을 제공할 수도 없고, 완전히 다른 환경에 놓인 인류의 미래를 보장하기 위해 해야 할 일을 할 수도, 할 의지도 없다. 인류는 이런 어리석음으로, 또 전례 없이 빠른 속도로 이 지구에서 자신의 기반을 파괴하고 있다.

당신은 자신을 준비시킬 수 없다. 당신에게는 아직 용기가 없다. 당신은 아직 그 필요성을 알지 못하고, 그 신호를 알아보지 못한다. 또한 당신들 사이나 당신들의 국가나 종교들 사이에는 아직 협동이 없다. 그 종교들은 서로, 심지어는 같은 종교 안에서도 점점 더 혼란과 분쟁 속에 빠져들며 지금 내리막길을 걷고 있다.

이것은 당신에게 아무 힘도 없다는 것이 아니라, 단지 당신이 무책임하다는 것이다. 이것은 당신에게 어떤 강점이나 능력이 없다는 것이 아니라, 단지 당신이 만든 세상, 즉 두려움·욕망·갈등·가난·상실의 세상에서 당신이 헤매고 있다는 것이다.

당신은 이 점에 대해 신을 탓해서는 안 된다. 심지어 가뭄이나 태풍, 역병과 같은 자연재해에 대해서도 신을 탓해서는 안 된다. 왜냐하면 이것은 모두 태초에 저절로 돌아가도록 해놓은 자연 작용의 일부분이기 때문이다.

그래서 천사의 회중은 당신이나 이곳에 있는 다른 모든 이들이 어떻게 적응하는지, 또 무엇을 선택하는지 보기 위해 지켜본다. 회중은 당신에게 분리 속에서 살 자유를 주었으며, 심지어 실패하는 자유마저 주었다. 하지만 동시에 성공에 이를 수 있는 힘과 방향을 당신에게 주었다. 그래서 당신이 응답하기만 하면, 즉 이 큰 안내에 응답하고, 여전히 신과 연결된 당신 내면의 앎에 응답하기만 하면, 그 힘과 방향이 당신에게 있다.

이 우주는 물론 다른 모든 우주의 주인, 우주 만물의 주인이자 물질로 현시된 모든 것을 넘어 시간을 초월한 창조물의 주인은 물질적으로나 개인적으로 당신을 돌보지 않는다. 그것은 회중이 하는 일이다. 왜냐하면 우주에는 셀 수도 없이 많은 종족이 있으며, 그 각각에는 그들을 감독하는 회중이 있어야 하기 때문이다.

이것이 바로 당신이 상상하는 것조차 불가능한 규모의 계획이다. 오로지 신만이 할 수 있는 것으로 참으로 어마어마하고 방대하며, 모든 것을 아우르고 완벽하다. 오직 신만이 지각이 있는 모든 생명 안에 심어 놓은 앎의 힘을 통해 분리된 자들을 복원할 수 있다.

훨씬 더 진보하고 완벽한 계시 안에서 이러한 것들을 이해할 수 있는 기회가 이제 당신에게 왔다. 왜냐하면 당신은 신이 세상에서 어떻게 일하는지 아직 이해하지 못하기 때문이다. 사람들을 통해서 안에서 밖으로, 즉 봉사와 공헌과 용서를 통해서, 건설적이고 자비로운 행동을 통해서, 어떻게 일하는지 아직 이해하지 못하기 때문이다.

신에 대한 당신의 개념은 아주 오래된 과거 가르침에서 생겼다. 그 가르침은 불완전하다. 왜냐하면 그 당시 사람들에게는 이 세상과 저세상에서 신의 계획이 행하는 위대한 본질을 이해할 만큼 교양이나 자유, 사회 발전이 없었기 때문이다.

큰 종교들은 인류를 계속 진보하게 했고, 인류 문명을 건설했으며, 무수히 많은 사람에게 영감을 주었다. 그 종교들이 그 가르침의 본질을 거슬러 행한 모든 것에도 불구하고, 또 얼마나 오용되었고, 지금 이 순간마저 오용되고 있다 하더라도, 그 종교들을 가치 없는 것으로 생각하지 말라.

완벽하게 안내하는 지성인 앎을 신이 당신 내면에 심어놓았다. 앎은 신에 연결되어 있다. 앎은 세상을 두려워하지 않고, 세상에 의해 조건화되지도 않으며, 아름다움이나 부, 매력에 끌리지도 않는다. 앎은 오직 당신을 목적·의미·관계·영감의 삶에 있는 큰 사명과 만나게 하려고, 또 당신을 파견한 이들과 재결합하게 하려고 여기 있을 뿐이다.

하지만 당신은 멀리 벗어나 있다. 만약 당신이 응답하는 첫 번째 무리에 속한다면, 당신은 단호히 응답해야 한다. 의심하면서 머뭇거리지 말라. 그것은 정직하지 못하다. 가슴속에서는 당신이 알 것이고, 지금 여기에서 우리가 말하고 있는 것을 이해할 것이다. 이것은 도전이다. 정직해지는 도전, 성실해지는 도전, 성심성의를 다하는 도전이다.

세상은 신의 새 계시를 들어야 한다. 새 계시는 당신 혼자만을 위한 것이 아니며, 당신의 교화만을 위한 것이 아니다. 하지만 당신은 새 계시의 일부가 되기로 되어 있다. 그래서 새 계시를 받아들여 표현하고 공유하게 되어 있고, 세상 모든 언어로 번역하는 데 돕게 되어 있다. 그럼으로써 세상에서 충분히 많은 사람이 응답할 수 있고, 인류의 방향을 차츰 바꿔나갈 수 있으며, 인간가족이 심각한 불안정·갈등·전쟁에 빠지지 않기 위해 있어야 하는 책임감과 변화를 불러낼 수 있을 것이다.

당신은 지금 자신에게 닥친 위험들을 아직 보지 못한다. 그래서 당신이 새 계시를 세상에 불러들인 절실한 필요성을 이해하기가 어렵다.

이것을 이해하려면, 당신은 세상에 눈을 떠야 한다. 당신이 원하거나 선호하는 것이 아닌, 이곳에서 실제로 일어나고 있는 것에 눈을 떠야 한다. 당신은 책임지는 사람(a responsible person), 응답할 수 있는 사람(a person able to respond)이 되어야 한다.

당신은 신의 새 계시를 들어야 하고, 가능한 한 정직하고 성실하며 겸허한 마음으로 새 계시에 다가가야 한다. 새 계시는 모든 면에서 당신을 강하게 해줄 것이고, 당신 삶에 해결책을 가져다줄 것이며, 수치심과 무가치감에서 당신을 회복시켜줄 것이다. 새 계시는 당신을 당신 자신에게 되돌려줄 것이고, 당신이 따라야 할 참된 방향으로 되돌려 놓을 것이다. 그리고 이 참된 방향은 당신이 지금 받아들일 수 있도록 신이 당신 내면에 심어놓았다.

메신저는 세상에 있다. 그는 새 계시를 세상에 가져오기 위해 파견된 유일한 사람이다. 그는 겸손한 사람이며, 세상에서 아무런 지위가 없다. 그는 국가나 군대를 이끌고자 하지 않으며, 다른 무리에 대립되는 어떤 무리를 이끌고자 하지 않는다. 왜냐하면 그에게는 사람들이 받아들이든 거부하든, 전 세계를 위한 메시지가 있기 때문이다.

지금은 시간이 절대적으로 중요하다. 변화의 큰물결이 여기저기 모든 곳을 차츰 엄습하고 있고, 해마다 인류 사회와 그 기반시설을 붕괴하고 있으며, 당신의 부와 자신감을 훼손하고 있다. 지금은 준비할 때이지만, 시간이 많지 않다. 시간이 없으니, 바로 지금 응답해야 한다.

하지만 모든 사람이 응답할 수는 없다. 모든 사람이 새 계시를 알지는 못할 것이기 때문이다. 심지어 모든 사람이 응답할 준비가 된 것도 아니다. 그리고 많은 사람이 자신의 과거 관념이나 믿음, 자신의 부와 사회적 지위를 지키려고 새 계시에 반대할 것이다. 불행한 일이지만, 계시의 시대에 항상 일어나는 일이다.

당신이 세상을 위한 신의 새 계시를 받아들이는 첫 번째 사람들 속에 포함되도록 하라. 이것은 당신 삶에서 가장 가치 있는 일이며, 가장 중요한 일이다. 당신은 모든 것에서 실망하였는데, 이제 상황이 완전히 달라질 것이다. 당신이 새 계시를 받아들이고 따를 수 있다면, 그리하여 당신이 이곳에 있는 깊은 목적·본성과 재결합하도록 신이 제공한 앎으로 가는 계단을 밟을 수 있다면, 당신에게 모든 것이 달라질 것이다.

만약 인류가 큰 계시를 받아들이는 데 실패한다면, 인류는 아주 오래 지속되는 쇠락 상태, 즉 큰 갈등, 큰 고통과 상실의 상태로 빠질 것이다. 왜냐하면 인류는 새로운 세상을 준비하지 못할 것이기 때문이다. 당신은 신호가 매일 점점 더 분명해질지라도, 다가오고 있는 것에 대비하지 못할 것이다.

당신은 자신의 관심사나 선호, 희망을 지키려고 할 것이다. 당신은 자신 앞에 다가오는 것들을 실제로 처리하는 것을 바라지 않는다. 하지만 그 일들을 처리함으로써 당신은 힘과 용기와 결단력을 얻을 것이다. 이 대비를 하지 않으면, 당신에게는 이런 힘과 능력이 생기지 않을 것이다.

이것은 당신을 위한 큰 계시이고, 인류를 위한 큰 계시이다. 왜냐하면 이 계시는 세상 모든 종교를 존중할 것이고, 그 종교들이 끝없는 분쟁을 그만둘 만큼 단합하도록 할 것이기 때문이다. 당신은 그 종교들이 세월이 지나면서 어떤 모습을 띠게 되었든 상관없이 그 바탕에서 서로 연결되어 있다는 것을 알 것이다.

당신은 모든 메신저가 회중에서 왔다는 것을 알 것이고, 이 회중의 원천이 없다면, 어느 누구도 큰 계시를 세상에 가져오는 메신저라고 주장할 수 없다는 것을 알 것이다. 왜냐하면 어느 시대에나 선지자는 있지만, 위대한 메시지는 오직 큰 전환점에서만 오기 때문이다. 그리고 이 메시지는 완전히 새로운 현실을 가져온다. 이 새로운 현실은 세상의 흐름을 바꿀 수 있고, 시간이 흐르면서 응답할 수 있는 수많은 사람의 운명을 바꿀 수 있다.

세상에는 신의 새 계시를 받아들여야 할 절실한 필요성이 있다. 이것이 당신의 도전이고, 당신의 복원이다. 지금 당신이 숙고해보아야 할 것 가운데 이보다 더 큰 것은 없다.

메신저는 노인이다. 어쩌면 그가 세상에 머무는 것은 겨우 몇 년밖에 안 남았을지도 모른다. 만약 당신이 그를 만날 수 있고, 그에 관해 알 수 있다면, 그것은 당신에게 큰 축복일 것이다.

그는 신이 아니다. 하지만 어떤 메신저도 신이 아니었다. 그는 자신을 찬양하도록 하지 않을 것이다. 왜냐하면 모든 찬양은 신과 회중에게로 가야 하기 때문이다. 몇 사람을 제외하고는 주위 사람들의 이해 범주를 넘어선 일이지만, 그는 고통과 고립, 큰 도전과 큰 준비를 통해서 자신을 입증하였다.

새 계시는 하늘의 뜻이므로 우리는 이것을 인류에게 전한다. 예수, 붓다, 모하메드에게 말한 이들이 바로 우리이다. 세상을 지켜보는 이들이 바로 우리이다. 당신은 우리의 이름을 알 수 없다. 우리의 이름은 중요하지 않다. 왜냐하면 우리는 다수이면서 하나로 말하기 때문이다. 분리 속에서 살고 있는 당신이 아직 받아들일 수 없는 그런 현실인 하나이면서 다수로, 다수이면서 하나로 말하기 때문이다.

하늘의 뜻은 인류가 큰공동체에 대비하고, 강해지고 통합되며, 지구를 보전하는 것이다. 그래서 이 지구를 자신의 목적을 위해 이용하려는 다른 국가들의 설득에 넘어가 그들의 지배 아래 들어가지 않게 하는 것이다.

역사상 처음으로 우주의 문이 당신에게 활짝 열리고 있다. 그래서 당신은 이 지역 우주의 삶이 어떤 모습인지, 신이 이 우주에서 무엇을 하고 있는지 볼 수 있게 되었다. 신이 지구에서 무엇을 하고 있는지 이해하려면, 당신은 신이 우주에서 기본적으로, 또 본질적으로 무엇을 하고 있는지 이해해야 한다. 이것이 역사상 처음으로 가능하게 되었다.

당신의 눈이 열리기를 바란다. 세상에 대한 당신의 이해가 진실하고 정직하기를 바란다. 당신 자신이나 당신에게 필요한 것에 대한 평가가 성실하기를 바라며, 겸손과 진지함으로 가득 차기를 바란다. 계시의 시대에 살고 있을 만큼 큰 행운을 지닌 당신이 지금 받고 있는 하늘의 선물이 당신의 것이 될 수 있도록 당신이 그 선물을 알아보고 받아들여 큰 어려움 속에 있는 세상에 베풀기를 바란다.

제 14 장

부름

2011년 4월 1일
미국 콜로라도 보울더에서
마샬 비안 서머즈에게
계시되었다

계시의 시대에 사는 것, 이 계시를 전해 듣는 것은 대단히 큰 일이다. 그 일은 당신의 삶과 생각을 바꿀 만큼 엄청나게 클 것이며, 당신 자신이나 세상에 대한 것은 물론 당신의 운명에 대한 인식과 이해를 바꿀 만큼 엄청나게 클 것이다. 심지어 당신이 새 메시지를 거부하고 반박할지라도, 새 메시지는 여전히 당신 삶을 바꿀 것이다.

당신은 이처럼 큰 것을 만나면서 당신 삶에 충격 없이 만날 수는 없다. 당신은 몇백 년 만에 한 번씩 전해지는 그런 계시를 당신 삶에 큰 충격 없이 만날 수는 없다.

당신이 계시를 만나는 순간에 어떻게 응답했든, 계시는 당신이 거의 알지 못하는 내면 깊은 곳, 당신이 지극히 맑고 명료한 순간에만 체험한 당신 자신의 일부에 닿을 것이다. 계시는 당신 마음의 태곳적 통로를 타고 내려가 말할 것이다.

당신이 계시를 공부하고 읽고 계시의 지침을 따른다면, 이전에는 듣거나 보지 못한 것들을 듣고 보기 시작할 것이다. 당신은 더 큰 통찰력과 더 포괄적인 이해를 얻을 것이다. 단순히 자신에게 이익이 되고 만족만 주는 이해가 아니라, 현실을 직시할 수 있고 당신이 이 시기에 세상에 온 이유를 인식할 수 있는 어떤 것을 얻을 것이다.

만약 이것이 신의 새 메시지가 아니라면, 당신은 개념의 수준에서만 이것을 다룰 수도 있을 것이다. 당신은 이론으로써 이것을 다룰 수도 있을 것이다. 또는 철학으로써 이것을 다룰 수도 있을 것이다. 혹은 그저 또 다른 가르침 중 하나로써 이것을 다룰 수도 있을 것이다. 그러나 이것은 그러한 것보다 훨씬 더 큰 것이다.

그래서 당신이 조금이라도 응답하기만 하면, 새 메시지는 당신 삶에 충격을 줄 것이다. 새 메시지는 당신 삶에 충격을 주게 되어 있다.

당신은 새 메시지를 받아들여 공부하고 새 메시지에서 배우도록 부름받았다. 오직 이처럼 받아들여 배울 때만, 당신은 지금 당신이 보는 세상은 물론 미래에 직면해야 할 세상, 즉 수평선 너머에서 오고 있는 큰 변화 그리고 인류가 겪어야 할 모든 큰 시련과 큰 기회가 있는 세상에 새 메시지가 참으로 타당하고 깊이 연관되어 있음을 깨달을 것이다.

신의 계시를 만나는 것은 대단히 큰 일이다. 당신의 관념보다 더 크고, 당신의 믿음보다 더 크며, 당신이 속한 단체보다 더 크고, 심지어 당신의 국가·문화·종교의 사상이나 믿음보다 더 크다. 왜냐하면 이것들은 대체로 인간의 창작품이기 때문이다.

하지만 당신은 지금 인간의 상상이나 창의력의 산물이 아닌 어떤 것과 만나고 있다. 당신은 이것이 주는 충격 때문에 이것이 진실임을 알 것이다.

이것은 당신 삶의 가장 큰 사랑인 당신의 근원에서 온다. 당신 삶의 근원, 당신의 깊은 본성의 근원, 당신이 세상에 존재하는 목적, 여전히 당신에게 미지의 것이고 성취되지 않은 채로 남아 있는 그 목적의 근원에서 온다.

이것은 근대에 들어서 또 역사를 통틀어서 평화·해방·지혜·힘을 구하는 큰 기도에 응답이다.

당신은 자신에게 이런 큰 힘을 부여할 수 없다. 비록 많은 사람이 그것을 시도했지만, 그럴 수 있는 것이 아니다. 이 큰 힘은 큰 근원이 당신에게 하사해야 한다. 이 근원은 정의를 내리는 것이 불가능하며, 이성으로 개념화하거나 이해할 수 없다.

왜냐하면 창조주는 물론 창조주와 함께 있는 창조물은 이성의 영역 너머에 살기 때문이다. 당신은 그저 자신 가까이 있는 환경과 연속적인 사건들만 이해할 수 있지만, 이러한 것 너머에 큰 현실, 실로 커도 한참 더 큰 현실이 있다.

새 메시지에는 당신에게 요구하는 것들이 있다. 새 메시지는 당신에게 응답하기를 요구한다. 그리고 공부하기를 요구하고, 성급하게 결론 내리는 일 없이 인내심을 갖기를 요구하며, 당신의 편견·분노·적개심을 따르지 말기를 요구한다. 또한 단순히 믿기만 하는 것이 아니라, 탐구하기를 요구한다. 왜냐하면 믿음은 약하며, 기반이 튼튼하지 못하기 때문이다.

당신이 변하는 세상에 직면하고, 계시의 시대에 인류가 받아들여야 할 모든 것을 직시하려면, 당신 내면에 큰 기반이 필요할 것이다.

계시는 단순히 개인적으로 당신에게 주는 선물이 아니다. 계시는 당신을 통해 다른 사람들에게 흘러가게 되어 있다. 당신은 받으면, 주어야 한다. 당신은 계시의 증인이 되어야 한다.

당신은 메신저를 존중해야 한다. 그는 신이 아니며, 사람들이 자신을 숭배하게 하지 않을 것이다. 하지만 그는 메신저이며, 그 말고는 신의 새 메시지를 전한 사람은 세상에 아무도 없다.

계시가 이런 규모로 전해지는 데는 오랜 시간이 걸렸다. 계시가 이처럼 완벽하게 전해진 적이 과거에는 결코 없었으며, 지금처럼 문맹에서 벗어난 세상, 전 지구적 통신이 가능한 세상, 훨씬 더 정교해진 세상, 큰 어려움이 있는 세상에 전해지지 않았다.

당신은 깨닫지 못하지만, 당신이 이 계시를 발견하는 것은 운명이다. 이것은 그저 우연히 일어나는 일이 아니다. 당신이 새 계시를 만나는 것은 운명이다. 당신이 계시를 듣는 것은 운명이다.

이것은 큰 부름이다. 하지만 신이 의도하는 것과 사람들이 의도하는 것은 같지 않다.

비록 새 계시가 당신에게 선물이고, 세상에서 당신의 큰 목적과 운명을 밝히는 약속을 담고 있으며, 당신 주변의 변하는 상황과 당신 삶에 대한 포괄적인 이해를 담고 있지만, 당신에게는 다른 방식으로 응답할 수 있는 자유가 있다.

신은 당신의 응답을 통제할 수 없다. 신은 당신의 생각·고통·혼란·비판·불만을 통제할 수 없고, 당신의 열렬한 믿음이나 자멸적 행위, 당신의 어리석은 잘못이나 결정을 제어할 수 없다.

그것은 당신이 분리 속에서 살고 있기 때문이다. 그러나 신에게서 결코 분리되지 않는 당신의 일부분이 있으며, 바로 이 부분이 유일하게 응답할 수 있는 당신의 일부분이며, 새 메시지가 당신 내면에서 말을 건넬 부분이다. 새 메시지에 응답하는 것은 세상에서 가장 자연스러운 일이다. 또한 당신의 목적이자 운명이다.

새 메시지를 받아들이면, 당신은 다른 사람들과 공유해야 한다. 그리고 당신 삶에 새 메시지를 가져와 당신 능력이 닿는 데까지 최선을 다해 적용해야 하고, 똑같은 것을 하고 있는 다른 사람들을 열심히 찾아내어 당신이 강해지고 자신의 문제나 일에 균형과 목적을 가져오는 데 그들이 도울 수 있도록 해야 한다.

당신은 신의 새 메시지에 저항해서는 안 된다. 당신이 저항하면 큰 힘에게는 어리석게만 보일 것이다.

당신에게는 스스로 답할 수 없는 질문들이 많을 것이고, 실제로 한동안 답해질 수 없는 질문들이 많을 것이다.

이것은 큰 약속임을 깨달아야 한다. 이것은 이성적 추구가 아니다. 또한 소일거리나 취미가 아니다. 게다가 즐거움이나 편안함, 안도감을 제공하기 위해 여기 있는 것도 아니다. 새 메시지는 하루가 다르게 어려움이 커지는 세상에 큰 봉사를 하도록 당신을 부르기 위해 여기 있다.

당신에게 의무가 있는 것은 이곳에 있는 큰 목적이 당신에게 있기 때문이다. 당신이 만들어내지도 않았고 만들 수도 없는 목적, 당신에게 아직 온전히 드러나지도 않은 목적, 당신 삶에 대한 당신의 소원·선호·생각과는 다른 목적이 있기 때문이다.

당신에게는 의무가 있다. 왜냐하면 당신은 세상에 파견되었기 때문이다. 그 의무가 당신 내면에서 살고 있다. 그 의무는 당신의 깊은 특성, 우리가 앎이라고 부르는 깊은 특성의 일부이다.

그 의무는 모든 종교에 있는 모든 영적 공부의 정점이다. 그 의무는 당신을 복원해주는 것이다. 그 의무는 당신의 삶, 당신의 인식, 당신의 이해를 바꾸어 놓을 것이지만, 신이 부여해주어야 한다.

당신이 세상에 머무는 데는 책임이 있다. 당신은 자신을 이곳에 파견한 이들에게 책임을 져야 한다. 당신에게는 맡아야 할 큰 역할이 있다. 당신에게는 베풀어야 할 큰 봉사가 있다.

새 메시지는 당신의 큰 목적, 당신의 책임, 당신의 책무를 당신에게 상기시켜줄 것이다. 새 메시지는 징벌의 위협이나 죄책감을 느끼게 하는 일 없이 이것들을 상기시켜줄 것이다. 새 메시지가 이것들을 상기시켜주는 것은 당신을 회복하고, 당신의 회한이나 고통에서 당신을 구원하며, 당신 삶을 복원하여 균형을 가져올 수 있도록 당신에게 권한을 주기 위해서이다. 왜냐하면 당신에게는 세상에서 해야 할 큰 일이 있기 때문이다.

오직 새 계시만이 그런 부름을 가져올 수 있다. 새 계시는 지구 전체에 대한 부름이다. 그저 한 그룹이나 한 국가, 한 종교, 사회의 일부만을 부르는 것이 아니다. 이제 전 세계에 울려 퍼지기 시작했다.

초라한 시작이다. 새 메시지는 연약하고 가냘픈 어린 묘목처럼, 순수하고 세상에 더렵혀지지 않은 순수한 어린아이처럼 여기 오지만, 그 이면에는 창조물의 힘을 가지고 온다. 새 메시지가 순수한 채로 남아 있고 메신저가 모독당하지 않기만 하면, 그 순수성은 울려 퍼질 것이다.

이 시대와 다가오는 시대를 위한 계시, 이 순수한 메시지를 받아들이는 큰 기회가 당신에게 왔다.

이것이 우연이라고 생각하는가? 이것이 우연히 일어난 일이라고 생각하는가? 그렇게 생각한다면, 당신이 여기서 받아들이고 있는 것을 과소평가하고 있다. 그리고 당신 자신의 생각이나 이해를 과대평가하고 있다.

신은 세상에 파견된 이들이 어려움에 처한 세상에 공헌할 수 있도록 개개인들에게 힘을 회복시켜주고자 한다. 세상의 미래는 이들의 공헌에 달려 있다.

당신의 역할은 초라할 것이다. 당신은 그 역할로 대단히 주목받거나 찬사를 듣지는 못할 것이다. 성대한 축하를 받거나 알아주는 사람도 없이 무대 뒤에서 일할 것이다. 그리고 이처럼 일하는 가운데서 당신 마음이 만든 감옥에서 빠져나올 것이고, 자신을 몰아붙이고 저주하고 붙잡아 두는 모든 것에서 빠져나올 것이다.

사람들은 새 메시지를 거부하고 반박할 것이다. 어떤 사람들은 비웃을 것이다. 이런 일은 계시의 시대에 항상 일어난다.

메신저는 사람들의 기대에 부응하지 않을 것이다. 왜냐하면 그는 소박하고 겸손한 사람이기 때문이다. 그는 신과 같은 느낌도 없고, 강한 매력이나 카리스마로 가득 차 있지도 않다. 신처럼 보이거나 강한 매력·카리스마로 가득 찬 사람은 누구도 세상에 신의 새 메시지를 전하는 데 메신저로 선택된 적이 없다.

그에게는 야망이 없다. 그는 아주 오랜 기간 준비과정을 거쳤다. 이 메시지는 엄청난 양이고 매우 포괄적이므로 이것을 받는 데는 매우 긴 시간이 걸렸다.

새 메시지는 지금 당신이 생각하고 믿고 이해하는 것보다 훨씬 더 크므로 당신이 그것을 받아들이는 데는 시간이 걸릴 것이다. 새 메시지에는 세상에서의 큰 삶을 들여다볼 수 있는 창, 우주 큰공동체의 삶 속에 있는 인류의 미래와 운명을 들여다볼 수 있는 창이 있다.

과거에는 인류에게 이와 같은 메시지가 결코 제공되지 않았지만, 이제 제공되어야 한다. 이제 이 메시지는 인류가 직면해야 할 미래와 결과를 결정하는 데 매우 중대하다.

그러므로 새 메시지에 겸허한 자세로 접근하라. 그리고 당신에게도 큰 삶이 있으며, 당신이 아직 이 삶을 살고 있지 않다는 것을 숙고하기 시작하라. 또한 당신이 큰 삶을 이해하여 그 삶으로 가는 여행길에 오르고, 앎으로 가는 계단을 밟으며, 큰 힘과 용기, 결정권을 가진 것의 안내를 받으려면, 당신에게 큰 도움과 큰 계시가 필요하다는 것을 숙고하기 시작하라.

당신에게는 세상에 오기 전부터 이미 맡은 의무가 있다. 그 의무는 지금 당신 내면에 담겨 있다.

신의 계시에는 이 깊은 책임에 불을 붙이어 그 책임을 발동시킬 힘이 있다. 이 책임을 회피하지 말라. 왜냐하면 중요하고 의미 있는 것은 모두 이 책임에서 나올 것이기 때문이다. 힘 있는 모든 것, 자비로운 모든 것, 자유롭게 해주는 모든 것, 속박에서 해방시켜 주는 모든 것이 이 책임에서 나올 것이다.

신은 당신 내면에 복원의 씨앗을 심어놓았지만, 그 씨앗은 자랄 수 있도록 보살핌이 필요하다. 당신은 여기에 올바른 태도로 접근해야 한다. 그러면 틀림없이 부름이 그곳에 있을 것이다.

이것이 의무이다. 이 의무는 당신에게 오직 정직할 것만을 요구한다. 진실로 정직할 것을 요구하며, 당신의 소원·두려움·선호를 넘어 당신이 아는 것을 느낄 만큼 정직할 것을 요구한다. 당신은 자신이 원하는 것이나 부정하는 것을 넘어 진실을 볼 수 있다.

새 메시지는 당신에게 정직할 것을 요구한다. 당신이 정말 정직하고 진실한지는 어떻게 응답하느냐에 따라 결정될 것이다.

당신이 무엇을 믿느냐, 또는 새 메시지가 당신 믿음에 부합하느냐 아니냐는 문제가 되지 않는다. 도대체 신의 계시가 어떻게 당신이 생각하거나 믿는 것과 부합하겠는가? 신의 계시는 인간의 기대나 추론에 부응하지 않으며, 인간의 관습이나 오랫동안 자리잡은 믿음에 따르지 않는다. 왜냐하면 이것은 신의 새 메시지이지, 인간의 생각에서 나온 것이 아니기 때문이다.

새 메시지는 비인간의 우주에 대비하도록 당신을 준비시키고 있다. 당신은 그런 우주에 어떻게 대비해야 할지 모른다. 새 메시지는 자원이 감소하고, 큰 격변과 긴장이 있는 세상에 대비하도록 당신을 준비시키고 있다. 당신은 그런 세상에 어떻게 대비해야 할지 모른다. 새 메시지는 큰 삶을 살도록 당신을 준비시키고 있다. 당신은 그런 삶을 어떻게 성취해야 할지 모른다.

물론 신은 이것을 안다. 바로 이 때문에 사람들이 그들 내면에 담긴 의무를 수행하도록 부르는 큰 계시가 이 시대와 다가오는 시대를 위해 전해져야 한다. 그래서 응답할 준비가 된 사람, 응답할 만큼 정직과 자유가 상존하는 사람, 자신의 종교 이념이나 문화적 사고, 다른 사람들의 뜻이나 선호에 묶이지 않은 사람들이 그 의무를 이행할 수 있도록 해야 한다.

이러한 사람이 되는 것이 계시의 시대에 살아가는 도전이다. 계시는 당신이 자신의 강점과 약점, 당신 주변 사람들의 강점과 약점을 직시하도록 할 것이다. 이것은 큰 진리와 큰 목적을 직시하는 일이다.

당신이 이런 일을 할 수 있다는 것에 감사하라. 그러지 않으면, 당신은 꿈과 즐거움을 좇으며 항상 공포의 위협이나 상실의 위협, 앎에 인도받지 않는 당신 마음의 중압감으로 어둠 속을 더듬거리며 세상을 살아갈 것이기 때문이다.

감사하라. 왜냐하면 모든 우주의 주인이 인류에게 정확히 필요한 것, 즉 인류가 품은 모든 의문에 대답하거나 목표나 소망을 들어주는 것이 아니라, 자신의 힘을 발견하여 세상에서 큰 협동과 화합을 이루며 나아가는 데 정확히 필요한 것을 주고 있기 때문이다.

당신은 이런 상황에서 봉사하기 위해 이 시기에 세상에 왔다. 이것이 당신의 시대이고, 계시의 시대이다. 이제 당신이 나서야 할 때가 되었고, 깊은 정직과 깊은 성실성을 발휘해야 할 때가 되었다.

이것이 부름이다. 당신의 생각·관념·느낌·감정을 넘어 당신 내면의 깊은 현실로 부르는 것이다.

이 깊은 현실을 이해하려고 하지 말라. 이 현실은 당신 이해 너머에 있다. 당신은 지금 자신이 무엇을 보고 있는지 모르니, 이 현실을 다른 것들과 비교하지 말라. 당신은 새 메시지를 탐구하여 적용해보거나 그 삶을 살아보지 않았다. 그러니 어떤 지혜나 정직, 성실함으로도 새 메시지를 판단할 수 없다.

새 메시지는 세상에 주는 선물이지만, 사람들을 통해서 이 사람 저 사람에게 전해져야 한다. 새 메시지에 응답할 준비가 되어 있고 기꺼이 응답하고자 하는 사람들을 찾아내어 당신은 그들에게 증언해야 한다. 당신 목적의 일부가 이것이다. 당신 선물의 일부가 이것이다. 당신의 깊은 자각을 기다리는 것의 일부가 이것이다.

계시의 시대에 사는 것이 당신의 운명이다. 그 계시가 세상에 있다. 당신의 운명이 당신을 부르고 있다. 이것은 단지 당신이 준비되었느냐 아니냐 하는 문제일 뿐이다. 당신은 이 점에서 자신의 상황만 설명할 수 있다.

당신은 다른 사람들이 무엇을 말할지, 무엇을 할지는 결정할 수 없다. 이것은 신의 새 계시를 받아들이는 축복과 기회를 얻은 사람들 각자에게 도전이다. 다른 사람들이 무엇을 할 것인지, 세상이 무엇을 할 것인지에 대해서는 걱정하지 말라. 이 부름은 당신에게 온 것이다.

오직 신만이 당신의 깊은 부분에 어떻게 도달하는지 안다. 당신 혼자서는 이것을 발견할 수 없다. 오직 신만이 당신의 가장 큰 선물이자 봉사를 어떻게 불러내는지 안다. 당신은 혼자서 이것을 불러낼 수 없다.

오직 새 계시만이 과거와는 다른 미래에 대비하는 데, 또 우주 삶의 큰 현실에 직면하는 데 인류를 준비시킬 것이다.

감사하라. 겸손하라. 받아들이라. 당신은 믿지 않아도 된다. 그저 새 계시를 직접 보고 받아들이고 배워서 적용하기만 하면 된다. 계시가 주는 선물은 당신에게 명백해질 것이고, 시간이 흐르면서 그 선물이 그 타당성과 완벽성을 당신에게 드러내 보여줄 것이다.

인류는 혼자서 실현할 수 없다. 인류에게는 큰 도움이 있어야 한다. 인류는 미래를 스스로 준비할 수 없다. 인류는 현재 아무것도 보지 못하며 너무 오만하다. 인류는 여전히 자신이 과거처럼 살고 있는 것으로 생각하므로 수평선 너머에서 다가오고 있는 것을 보지 못한다.

인류는 도전적이고 어려운 큰공동체, 자유가 귀하고 경쟁이 치열하며 대단한 기교와 설득을 통해 경쟁하는 우주 큰공동체의 삶으로 진입하고 있음을 보지 못한다.

오직 신만이 여기에 대비해서 인류를 준비시킬 수 있다. 오직 신만이 인간의 가슴, 인간의 마음, 인류의 혼, 인류의 역사를 안다.

큰 이해를 받아들이려면, 당신은 자신의 한계를 받아들여야 한다. 당신 부름의 일부가 이것이다.

인류여, 내 말을 들으라. 우리는 큰 현실을 말한다. 즉, 개개인 내면에 사는 큰 진실, 이성적 논의나 추론으로는 이해할 수 없는 큰 진실, 분명하게 깨닫고 표현하려면 함께 살고 체험해야 하는 깊은 진실을 말한다.

이 세상 사람들이여, 내 말을 들으라. 인류는 우주에서 큰 운명을 지니고 있지만, 먼저 쇠퇴하는 세상을 직시해야 한다. 인류는 다가오는 대격변을 직시해야 한다. 인류는 통합해야 하고, 명료함과 결단력을 가지고 협동해야 한다.

이것이 신의 계시이다. 이것이 인간의 이해 너머에 있는 계시이다. 당신은 오직 이 계시에 다가가서 배워나갈 수만 있지, 결코 계시에 담긴 지혜나 명확성, 힘을 모두 알 수는 없다.

주요 용어

신의 새 메시지는 지구가 인류 역사와 진화에서 가장 높은 문턱 앞에 서 있다고 밝힌다. 이 문턱 앞에 서 있는 이때, 신의 새 메시지가 왔다. 신의 새 메시지는 우리가 알지 못하여 준비하지 못한 것들을 밝힌다. 즉, 세상에 다가오는 큰 변화와 세상 밖의 큰공동체 삶 안에서의 우리 운명을 밝힌다.

새 계시는 일부 친숙한 용어들을 큰공동체의 맥락에서 다시 규정하며, 인간 가족에게 완전히 새로운 일부 용어들도 소개한다. 새 메시지의 글을 읽을 때, 이러한 용어들을 이해하는 것은 중요하다.

신은 새 메시지에서, 우주 안의 무수히 많은 종족과 모든 생명체의 근원이자 창조주를 의미한다. 그럼으로써 신의 큰 현실은 지구의 모든 생명체와 우주의 모든 생명체를 아우르는 확장된 맥락에서 드러난다. 이 큰 맥락은 우리가 이해하는 신에 대한 의미, 우리 삶에서 신의 힘과 현존에 대한 의미를 다시 정의해준다. 새 메시지에서는, 신이 지구에서 하는 일을 이해하려면, 신이 전 우주에서 하는 일을 이해해야 한다고 말한다. 이것이 신의 새 메시지를 통해 처음으로 지금 밝혀지고 있다. 새 메시지에서, 신은 한 개인이나 단일 의식이 아니라, 모든 신학이나 종교적 이해의 제한된 영역 넘어 모든 삶에 두루 스며 있는 힘이며 실재이다. 신은 각 개인 안에 있는 앎의 힘을 통해 그들의 가장 깊은 부분에 말한다.

분리는 신에게서 떨어져 있는 채로 지속되는 상태이다. 분리는 창조물의 일부가 분리 상태에서 살기 위해 신에게서 떨어지는 자유를 갖고자 했을 때 시작되었다. 그래서 신은 진화하는 지구를 창조하였고, 분리된 이들이 무수히 다양한 형태로 무수히 다양한 장소에서 살 수 있는 곳으로 팽창하는 우주를 창조하였다. 분리 이전에는 모든 생명이 시간을 초월한 순수 결합 상태였다. 분리 속에서 사는 모든 이들이 봉사와 공헌과 앎의 발견을 통해 궁극적으로 회귀하도록 부름 받는 곳이 바로 여기, 신과의 본래 순수 결합 상태이다. 개개인의 내면에 여전히 신과 연결된 부분인 앎을 통해 분리된 이들을 회복하는 것이 지구에서는 물론 우주 전역에서 신이 하는 일이다.

앎은 깊은 영적 마음이며, 발견되기를 기다리며 개개인의 내면에 있는 지성이다. 앎은 결코 신을 떠난 적이 없는 우리의 영원한 부분을 나타낸다. 새 메시지는 앎을 인류의 큰 희망으로써, 개개인의 가슴에 있는 내적 힘으로써 말하며, 바로 이러한 것을 계시하고 불러일으키기 위해 세상에 왔다. 앎은 이성의 영역 너머에 존재한다. 앎에게만 우리의 큰 목적과 운명적인 관계들로 우리 각각을 안내할 힘이 있다.

천사의 회중은 세상을 지켜보는 천사의 큰 현존이다. 이 회중은 신이 우주에서 모든 분리된 생명의 복원과 회귀를 감독하기 위해 설립한, 봉사와 관계의 위계 체계의 일부이다. 지각 있는 생명체가 존재하는 모든 행성은 천사의 회중이 지켜본다. 지구를 지켜보는 회중은 신의 뜻을 이 시대에 맞게 인간의 언어와 이해로 번역하였으며, 지금 신의 새 메시지를 통해 계시되고 있다. 천사의 회중은 천사의 현존이나 천사의 무리와 비슷한 말이다.

신의 새 메시지는 지금 이 시대와 다가오는 미래 시대를 위해 지구인에게 신이 전한 계시의 원문이다. 새 메시지는 모든 생명의 창조주가 인류의 모든 국가와 모든 종교에 보내는 선물이며, 인간 가족을 위해 신의 뜻과 계획을 말하는 큰 표현이다. 새 메시지는 9000페이지가 넘는 것으로 지구에 전해진 것 가운데 가장 큰 계시이며, 문맹에서 벗어나 국제 통신이 가능하고 지구적 자각이 커지는 세상에 지금 전해지고 있다. 새 메시지는 과거 종교의 어떤 분파나 개혁이 아니다. 이것은 인류가 지금 지구에 있는 큰 불안정과 격변에 직면해 있고 지적 생명체가 사는 우주 큰공동체에 진입하는 큰 문턱 앞에 있으니, 이런 인류를 위한 신의 새 메시지이다.

계시의 음성은 천사의 회중이 일체가 되어 말한 음성이며, 이 계시를 전하기 위해 세상에 파견된 메신저를 통해 신의 메시지를 전달한다. 이때 회중은 하나로써의 다수가 말하는 한 음성으로 말한다. 역사상 최초로 당신은 신의 메신저를 통해 말하는 계시의 실제 음성을 들을 수 있게 되었다.

바로 이 음성이 과거에 신의 모든 메신저에게 말하였다. 계시의 음성에서 나온 말씀과 소리가 다시 세상에 왔다.

메신저는 천사의 회중이 선택하여 신의 새 메시지를 받을 수 있도록 준비시킨 후, 세상에 파견한 사람이다. 이 시대의 메신저는 마샬 비안 서머즈이다. 그는 세상에 아무런 지위가 없는 겸손한 사람이며, 삶에서 대단히 중요한 역할과 사명을 완수할 수 있도록 어렵고도 긴 준비를 거쳤다. 큰 부담이자 축복, 즉 신의 순수한 계시를 받아 보호하고 세상에 내놓는 큰 책임을 그는 부여받았다. 그는 신의 메신저 가운데 처음으로 지적 생명체가 사는 우주 큰공동체의 현실을 밝히고 있다. 메신저는 삼십 여년 동안 계시를 받는 일에 종사해왔으며, 현재 세상에 살아 있다.

예언의 봉인은 메신저의 삶이 끝날 때, 신에 의해 밀봉되는 봉인이다. 이 봉인은 신이 전한 것에 첨가나 변경을 하지 못하도록 보호하면서 순수한 상태로 계시를 밀봉한다. 예언의 봉인은 신만이 할 수 있으며, 인류의 진화나 우주 진입과 같은 문턱에 신이 다시 말하고자 했을 때, 신만이 해제할 수 있다.

현존이라 함은 개개인 내면의 앎의 현존, 천사 회중의 현존, 그리고 궁극적으로 신의 현존을 말한다. 현실로 존재하는 이 셋의 현존은 삶을 변화시킬 수 있는 은총과 관계의 체험을 제공한다. 그리고 이 체험은 삶의 신비를 따르는 것으로, 또 세상을 위한 신의 과거 계시들 중 하나나 새 계시를 공부하고 연습하는 것으로 얻을 수 있다. 새 계시는 당신 삶에 있는 이 현존의 힘을 체험하는 데 현대의 길을 제공한다.

앎으로 가는 계단은 신이 세상에 처음으로 지금 전달하는, 고대로부터 내려오는 영적 연습서이다. 이 신비스러운 여행을 할 때, 개개인이 앎의 힘을 발견하고, 심오한 내적 앎을 체험하는 것으로 이끌린다. 이 발견과 체험이 삶에서 사람들을 그들 자신의 큰 목적과 부름으로 이끌 수 있다.

큰공동체는 지구가 항상 위치한 곳으로, 지적 생명체로 이루어진 더 큰 우주를 말한다. 이 큰공동체는 지각이 있는 생명체가 존재하는, 모든 진화와 성장 상태에 있는 우주 모든 행성을 아우른다. 새 메시지는 인류가 초기 청소년 정도의 성장 단계에 와 있으며, 큰공동체에 진입하는 데 준비해야 하는 시기에 와 있다고 밝힌다. 인류는 우주에서 혼자가 아니며, 심지어 지구 안에서도 혼자가 아님을 발견하는, 우주로 들어가는 문턱에 서 있다.

큰 어둠은 나약하고 분열된 인류를 이용하기 위해 큰공동체에서 지구에 온 일부 종족들에 의해 진행되는 개입을 말한다. 이 개입은 인간 가족이 변화의 큰물결 앞에서 더욱더 무질서해지고 쇠약해지는 시기에 일어나고 있다. 개입은 사실상 인류의 자유와 자결권을 훼손하고 지구와 지구자원의 통제권을 얻는 것이 그 최종 목적이지만, 마치 자신이 선하고 구원해주는 세력인 것처럼 위장한다. 혼란과 갈등과 취약성이 점점 더 커지는 시기에, 개입 세력이 사람들의 마음과 가슴에 몰래 영향력을 심어 놓고자 한다고 새 메시지는 밝힌다. 지구 원주민으로서 우리는 이 개입에 반대하고, 다른 사람들에게 주의를 환기시키며, 또 그들을 교육하기 위해 부름 받았다. 그래서 공동의 큰 목적을 위해 인간 가족을 통합하고, 큰공동체 삶의 도전과 기회를 맞이하기 위해 지구를 준비해야 한다.

변화의 큰물결은 환경과 경제와 사회 부분에서 지금 지구에 한꺼번에 몰려오는 강한 힘을 말한다. 큰물결은 인류가 지구자원과 지구환경을 오용하고 남용한 데서 생겼다. 큰물결은 지구 모양을 급격하게 바꿀 힘을 가지고 있다. 그리고 이때 세상이 더 어려워지고 인간의 고통이 더 커지면서, 경제적 불안정과 급격한 기후변화를 낳고 경작지와 수자원의 감소를 야기할 것이다. 큰물결은 종말이 아니며, 세상이 새로운 상태로 전환하는 시기이다. 새 메시지는 세상에 무엇이 다가오는지 알려주며, 충분히 많은 사람이 해야 하는 큰 준비를 알려준다. 새 메시지는 인류가 단결하고 협동하라는 부름이며, 인류 문명을 보호하고 지키기 위한 단순한 필요성에서 나온 부름이다.

큰 목적은 개개인이 세상에 파견되어 행하는 특정 공헌과, 그리고 이 목적을 완수할 수 있게 해주는 특별한 관계들과 관련되어 있다. 개개인의 내면에 있는 앎은 그들 자신의 큰 목적과 운명을 담고 있다. 큰 목적은 이성만으로는 알아낼 수 없다. 큰 목적을 완전히 알아차리려면, 발견하여 따르고 다른 사람들에게 봉사하는 일에 표현해야 한다. 세상은 그 어느 때보다도 훨씬 더 많은 사람이 이런 큰 목적을 시범 보이는 것이 필요하다.

영적 가족은 분리 이후에 형성된 작은 학습 단체를 말한다. 그리하여 개개인들 모두가 오랜 기간 함께 일하여 최종적으로 신에게 귀착하는 것으로 막을 내리는 깊은 결합과 관계의 상태를 향해 일할 수 있도록 한다. 당신의 영적 가족은 당신이 분리를 통해 긴 여행을 하는 동안 앎을 통해 회복한 관계들을 나타낸다. 당신의 영적 가족 중 일부는 이 세상에 있고, 일부는 저세상에 있다. 영적 가족은 신의 신비한 계획의 일부로써 분리 속에 사는 모든 이들을 자유롭게 하고 재결합하게 한다.

고향은 당신이 세상에 들어오기 전에 있었던 곳이자 이 세상 삶을 마치고 돌아갈 곳의 삶의 현실을 말하며, 그곳에서의 관계나 의식의 상태를 말한다. 당신의 고향은 회중과 신, 그리고 당신의 영적 가족과 연결된 상태에 있다.

메신저

마샬 비안 서머즈는 신의 새 메시지를 받은 메신저이다. 그는 30여 년 동안 방대한 새 계시를 받은 사람이었으며, 그 계시는 세상에 다가오는 엄청난 경제적·사회적·환경적 변화와 지적 생명체가 사는 우주로 인류가 진입하는 것에 대비해 인류를 준비시키기 위한 것이었다.

1981년 가을, 그의 나이 32세 때, 마샬 비안 서머즈는 그의 미래 역할과 부름을 위해 그를 안내하고 준비시키는 천사의 현존과 직접 접촉을 하였다. 이 접촉으로 그의 삶의 여정이 영원히 바뀌었으며, 그는 신에게 자신의 삶을 바치면서 천사의 회중과의 깊은 관계 안으로 입문하게 되었다.

이 신비스러운 입문이 있는 후 몇 년 동안, 그는 신의 새 메시지 중 첫 번째에 속하는 계시들을 받았다. 그 이후 몇십 년 동안, 인류를 위한 방대한 계시는 어떤 때는 뜸하게, 또 어떤 때는 폭포수처럼 연달아 펼쳐졌다. 이 긴 세월 동안, 그는 오직 몇 사람만의 도움을 받으며, 이처럼 커지는 계시가 무엇을 의미하는지, 또 결국 어디로 이끄는지도 모르면서 나아가야 했다. 인류를 위한 신의 새 메시지를 받는 이 길고도 신비스러운 과정이 이렇게 시작됐다.

메신저는 지금까지 인간 가족에게 전해진 것 중 가장 큰 계시를 받아 세상에 내놓기 위해 길고도 어려운 길을 걸어왔다. 그가 분쟁과 갈등으로 얼룩진 세상에 신의 새 계시를 전하는 큰 도전에 직면하고 있는 지금도 여전히 계시의 음성은 그를 통해 계속해서 흘러나오고 있다.

메신저에 관한 이야기를 읽고 들어보기:
newmessage.org/story

메신저의 가르침 시청하기:
newmessage.org/messenger

계시의 음성

역사상 처음으로 당신은 계시의 음성을 들을 수 있게 되었다. 그 음성은 과거 메신저나 선지자에게 말한 음성이며, 지금 새 메신저를 통해 세상에 다시 말하고 있다.

계시의 음성은 한 개인의 음성이 아니라, 하나로써 모두인, 천사의 회중 전체가 말하는 음성이다. 신은 말을 초월하여 천사의 회중에 전달한다. 그러면 천사의 회중은 신의 메시지를 우리가 이해할 수 있는 인간의 말과 언어로 번역한다.

이 책에 있는 계시들은 이런 식으로 원래 마샬 비안 서머즈를 통해 음성으로 온 것이다. 신의 계시는 1983년부터 이런 식으로 왔으며, 지금까지 계속되고 있다.

이 책에 담겨 있는 글을 포함해서 새 메시지 전체의 원천인 계시의 음성을 들을 수 있는 곳.
newmessage.org/experience.

모든 사람이 들어볼 수 있도록 여기에 음성 녹음이 있다.

신의 새 메시지
범세계 공동체에 관하여

신의 새 메시지는 전 세계 사람들이 공유하고 있다. 적어도 23개 언어로 90여 개 국가에서 형성된, 학생들의 범세계 공동체는 새 메시지를 받아들이고 공부하며, 메신저와 소사이어티의 사명을 돕고 있다.

신의 새 메시지를 배우고 따르며, 새롭고 영적인 삶을 향해 나아가기 위해 앎으로 가는 계단을 밟고 있는 사람들이 만든 범세계 공동체에 관해 알아보자.

인간의 체험에서 새로운 장을 여는 사람들이 모인 범세계 공동체 일원이 되자. 새 메시지는 전 세계 사람들 내면에서 잠자는 총명함을 깨울 힘이 있으며, 모든 국가, 모든 종교의 사람들 삶 속에 새로운 영감과 지혜를 가져올 힘이 있다.

범세계 공동체의 목적과 중요성에 관해 직접적으로 말하는 계시의 음성 들어보기:
newmessage.org/theworldwidecommunity

범세계 공동체에서 받을 수 있는 교육의 기회를 알아보기:

포럼 - newmessage.org/forum
앎길 학교 - newmessage.org/school
인터넷 생방송과 국제 행사 - newmessage.org/events
연례 앎길 캠프 - newmessage.org/encampment
온라인 도서관과 학습 진로 - newmessage.org/experience

새 메시지 소사이어티에 관하여

1992년 마샬 비안 서머즈에 의해 설립된 신의 새 메시지 소사이어티는 미연방법 501(c)(3)에 의거한 독자적인 비영리 종교단체로써, 정부나 종교단체로부터 어떠한 후원금이나 보조금을 받지 않고 주로 새 메시지 학생들의 후원으로 운영된다.

소사이어티의 사명은 전 세계 사람들에게 신의 새 메시지를 전달하여 큰 변화의 문턱인 이 시점에서 인류가 공통되는 기반을 찾고, 지구를 보존하며, 인간의 자유를 지키고, 인류 문명을 향상시킬 수 있게 하는 것이다.

마샬 비안 서머즈와 소사이어티는 새 메시지를 세상에 전하는 막중한 책임을 부여받았다. 소사이어티 회원은 이 사명을 완수하기 위해 자신의 삶을 바친 헌신적인 사람들로 구성된 작은 그룹이다. 그들에게는 혼신을 다해 인류에게 이런 큰 봉사를 하는 데 자신을 바치는 것이 부담이면서 동시에 큰 축복이다.

새 메시지 소사이어티

연락처:

P.O. Box 1724 Boulder, CO 80306-1724
(303) 938-8401
(800) 938-3891
0113039388401(International)
(303)938-1214(fax)
society@newmessage.org
newmessage.org
alliesofhumanity.org
newknowledgelibrary.org

새 메시지와 교류할 수 있는 곳:

youtube.com/thenewmessagefromgod
facebook.com/newmessagefromgod
facebook.com/marshallsummers

twitter.com/godsnewmessage
신의 새 메시지 네이버 카페

신의 새 메시지 경전

신이 다시 말했다

앎으로 가는 계단

큰공동체 영성

관계와 큰 목적

앎길을 따르는 삶

우주의 삶

변화의 큰물결

큰공동체 지혜I & II

하늘의 비밀

www.ingramcontent.com/pod-product-compliance
Lightning Source LLC
Chambersburg PA
CBHW022023090426
42739CB00006BA/267

* 9 7 8 1 9 4 2 2 9 3 0 5 7 *